地方产业引导基金模式构建与新兴行业的受益研究

卓旭东　著

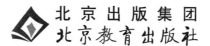

北京出版集团
北京教育出版社

图书在版编目（CIP）数据

地方产业引导基金模式构建与新兴行业的受益研究 /
卓旭东著. -- 北京：北京教育出版社, 2023.5
ISBN 978-7-5704-5564-5

Ⅰ.①地… Ⅱ.①卓… Ⅲ.①产业投资基金—研究—
中国 Ⅳ.①F832.51

中国国家版本馆CIP数据核字(2023)第099422号

地方产业引导基金模式构建
与新兴行业的受益研究

卓旭东　著

*

北京出版集团
北京教育出版社　出版
（北京北三环中路6号）
邮政编码：100120
网址：www.bph.com.cn
京版北教文化传媒股份有限公司总发行
全国各地书店经销
河北宝昌佳彩印刷有限公司印刷

*

710 mm×1 000 mm　16开本　15印张　210千字
2023年5月第1版　2023年5月第1次印刷
ISBN 978-7-5704-5564-5
定价：88.00元

质量监督电话：（010）58572525　58572393
购书电话：18133833353

前　言

随着中国特色社会主义新时代的全面开启，中国经济与社会发展的步伐日益加快，向全世界展现出较高的发展水平。党的二十大政府工作报告更是明确指出将新一代信息技术、新能源、低碳节能、航空航天、远洋探测等领域作为重点发展对象，不断加大政策与资金层面的投入力度。由此，新兴行业无疑成为最直接的受益对象。在此期间，地方产业引导基金模式的构建、运行、发展必然发挥出至关重要的推动作用。本书以此为背景，将地方产业引导基金模式构建与新兴行业的受益作为研究对象进行深入系统的研究与探索。本书共有八章：

第一章"产业引导基金模式产生的时代背景"，主要针对产业引导基金模式产生的大背景进行系统性分析，目的是要明确本研究的意义和价值所在，同时充分彰显本研究在经济学领域的独特视角。本章主要通过战略性新兴产业实施背景下企业发展需求、直接投资方式与地方新兴行业发展需求、产业引导基金模式初步运行成果三个视角进行全面的论述，为本书创作奠定坚实的时代基础。

第二章"产业引导基金模式产生的理论基础"，针对本书创作的理论基础进行深入挖掘，从而高度明确在产业引导基金模式构建和新兴行业中受益的指导性理论，确保产业引导基金模式构建和新兴行业受益过程始终能够拥有极为坚实的理论支撑。本章主要将市场失灵理论、公共财政理论、委托—代理理论、外部性理论、政府失灵理论与信息不对称理论作为理论研究对象，以此来保证地方产业引导基金模式构建与新兴行业的受益的效果能够达到最大化。

第三章"中国地方新兴行业发展成果概述"，主要针对当前中国地方新兴行业发展的总体成果进行系统性概述，进一步说明新兴行业在当今乃至未来中国经济与社会发展中的重要地位，充分说明中国经济与社会的高质量发展必须不断加大对新兴行业的扶持力度。本章主要从地方新兴行业规模与经济增长、地方新兴行业布局、地方新兴行业高效聚集三个方面进行分析和说明。

第四章"产业引导基金模式与中国新兴行业高质量发展的关系"，针对地方产业引导基金模式与中国新兴行业高质量发展之间的关系进行全面的论述，让前者在运行与发展道路中对中国经济与社会高质量发展的价值能够得到更为清晰的体现，从而坚定中国在当前与未来经济发展道路中关于新兴行业政策与资金大量投入的信心。本章主要从为地方新兴行业提供低风险投资环境、促进地方新兴行业"以投代招"发展模式的形成、基金"开放度"与"融合度"促进地方新兴行业投资效能的增加三个方面入手，将地方产业引导基金模式构建的价值充分呈现。

第五章"地方产业引导基金模式构建的路径"，针对地方产业引导基金模式构建的路径进行系统性研究，既能确保运行模式具有高度的科学性与合理性，又能确保运行模式具有极高的可操作性和可实现性，为地方新兴行业能够从中最大程度地受益打下坚实基础。本章主要立足于地方产业引导基金的科学认定、地方产业引导基金的有效选择、母基金营业范围的确定、地方产业引导基金运行模式的风险控制四个方面，充分体现该模式构建的系统化。

第六章"地方产业引导基金绩效评价体系构建"，立足绩效评价层面，对地方产业引导基金高质量运行的保障条件进行了深入研究。本章从地方产业引导基金绩效评价体系构建原则与思路、地方产业引导基金绩效评价指标体系模型构建两个方面论述，以此为地方产业引导基金运行的高质量提供重要保障，并为新兴行业能够从中更多受益提供重要支撑条件。

第七章"各地区的产业引导基金案例"，放眼全国，将产业引导基金模式运行与发展成果较为理想，并且具有高度代表性的地区作为成功案例，将产业引导基金模式构建的目标、方案、实施策略进行系统性分析，从中明确在运行过程中关注的侧重点、取得的成果、优化的主要方向，从而为各地方产业引导基金模式的深化积累丰富经验。本章主要将北京市中小企业发展基金运行模式、上海市静安区产业引导基金运行模式、湖南产业引导基金运行模式三个案例作为分析对象。

第八章"新兴行业发展在地方产业引导基金模式中的受益表现"，主要阐述新兴行业发展在地方产业引导基金模式中的受益表现，也是地方产业引导基金模式运行与发展在新兴行业中的价值体现，充分说明地方产业引导基金模式运行对中国经济与社会发展的推动作用。本章包括为地方新兴产业的高质量发展提供资金支持、地方新兴产业专利权数量与涉猎范围进一步扩大、加快地方新兴行业股权改革的步伐三个方面的内容。

目 录

第一章　产业引导基金模式产生的时代背景

在中国经济与社会发展的进程中，任何一种社会经济发展模式都是在特定的时代大背景下逐渐形成的，并随着时代发展步伐的加快不断走向成熟，最终发挥出持续推动经济与社会发展的重要作用。产业引导基金模式的产生更是如此。战略性新兴产业的提出与实施、直接投资方式与地方新兴产业发展需求不匹配、产业引导基金模式初步运行成果显著是产业引导基金模式产生的主要时代背景，本章内容就以此为立足点，结合该时代背景，进行系统性论述。

第一节　战略性新兴产业实施背景下企业发展需求的指向性明显

在当代中国经济与社会发展所处的大背景与大环境下，战略性新兴产业的全面提出与落实为产业结构升级和调整指明了方向。企业发展的大方向必然要随之做出战略性改变，企业的发展需求也会随之发生变化。在此期间，企业发展需求显然具有高度的明确性，既包括政策层面的需求，又包括资金层面的需求。本节从战略性新兴产业概述、当前中国企业发展的切实需要、战略性新兴产业实施为企业发展需求提供的明确指向三方面，对产业引导基金模式产生的时代背景加以论述。

一、战略性新兴产业概述

众所周知，中国已经全面走向新时代中国特色社会主义现代化强国之路，将中国打造成独具特色的创新型国家是其中关键一环。但是，建设创新型国家的关键在于颠覆固有的经济与社会发展思维，不断谋求新的发展方向和发展路径，战略性新兴产业也正是在这一历史背景之下被提出的，并且在"十四五"规划期间已经得到全面实施，所取得的成果更是极为显著。接下来就从战略性新兴产业的实质、内容与发展方向、

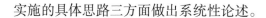

实施的具体思路三方面做出系统性论述。

（一）战略性新兴产业的实质

早在 2010 年，我国就已经出台《国务院关于加快培育和发展战略性新兴产业的决定》。深入解读该项决定后不难发现，在今后国民经济与社会发展道路中，要始终将培育和扶植具有战略性的新兴产业作为重要方向，不断加快产业结构升级与调整的步伐，并加大促进经济发展方式转变的力度，使得未来十年中国新兴产业经济能够引领和带动中国经济与社会发展，并最终成为中国现代产业体系的重要支柱。

2018 年，为了全面推进新形势下战略性新兴产业实现又好又快发展，达到高质量发展目标，中国工程院启动了中国新兴产业发展战略研究项目，即"新兴产业发展战略研究（2035）"。该研究项目的落实要求深入贯彻党的十九大精神，强调科技创新、技术创新、管理创新，针对新兴产业发展的新形势，不断研判未来发展的大趋势，在推动当下产业经济发展的同时，加快未来产业经济实现跨越式大发展。随着党的二十大的成功召开，战略性新兴产业进一步深化了"创新驱动发展"这一理念，不断对各重点领域的系统性技术、产业瓶颈突破技术、跨领域大发展技术进行梳理，最终凝练出"十四五"战略性新兴产业发展将要面临的新挑战，并针对至 2035 年中国新兴产业技术创新以及产业体系创新的方向进行前瞻性探究。

纵观当前中国经济与社会发展的现实情况，可以看出国家更加强调战略性的顶层设计，并将组织协调和方法创新摆在重要位置，确立了六个新兴产业发展方向，分别为新一代信息技术产业、生物产业、高端装备制造产业、新材料产业、绿色低碳产业、数字创意产业，供全社会进行深入研究与探索，以确保国民经济中长期发展规划始终有明确的思路、重点方向、主要渠道和手段。由此可见，战略性新兴产业的实质就是"新兴产业发展战略"。

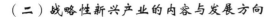

（二）战略性新兴产业的内容与发展方向

从制定与发展的角度出发，战略性新兴产业是一项系统工程，不仅要有明确的战略发展目标，更要有战略发展的内容和方向作为重要支撑，由此方可明确其制定与实施的时代意义和社会价值。战略性新兴产业具有明确的战略发展定位和准确的发展路径，具体如下：

1. 明确的战略发展定位

放眼未来，2035 年是中国基本实现社会主义现代化的目标之年，中国经济与社会发展始终要以该目标为导向，在各个规划周期始终保持高质量发展姿态。"十四五"规划无疑是其中至关重要的一环，而战略性新兴产业的全面发展是基础和关键，这就需要全面突破经济与社会发展不平衡、不充分的问题。

在"十四五"期间，产业发展必须全面深入贯彻创新发展理念，不断加大对极具发展潜力的战略性新兴产业的开发力度和投入力度，使其成为中国产业经济发展的支柱，让具有中国特色的社会主义现代化经济体系更加牢固。其间，既要将重点放在加速互联网、大数据技术、AI 技术与实体经济深度融合方面，还要大力加强创新知识产权的开发，确保中国六大核心经济圈能够全面实现世界级产业集群化发展，以最快的速度实现"去杠杆"和"去落后产能"，促进旧动能向新动能转化，而这正是中国经济与社会实现高质量发展的具体写照。

当前，中国已步入"十四五"规划的第三年，留给中国探索战略性新兴产业发展之路的时间已不多。在探索的过程中，必须先要夯实基础产业，并以此为平台不断壮大战略性新兴产业的规模，因为只有先确保产业发展的安全性，战略性新兴产业的投入才会具有长久性，投入力度才会不断增大，进而使战略性新兴产业实现跨越式发展。这无疑是战略性新兴产业发展的明确定位。不断加大战略性新兴产业的开发与扶持力度、全面整合社会资源、推动产业发展走向技术制高点自然也是当下乃至未来中国产业发展的关键任务。

2. 准确的发展路径

从当前战略性新兴产业实施的实际情况来看，中国产业发展正在全面实现"去库存""去杠杆""去落后产能"，走向道路创新、技术创新、管理创新。但从实际面临的挑战来看，彻底摆脱技术"卡脖子"局面显然已经成为中国产业发展的重中之重。在创新驱动发展理念的引导下，中国产业发展必须将确保基础产业健康发展作为根本前提，同时要大力发展战略性新兴产业，不断加大科研攻关投入力度，由此方可尽快实现产业核心技术自主可控这一目标，最终彻底摆脱产业发展"受制于人"的局面。这就需要找到准确的发展路径。对此，笔者认为以下两个方面不容忽视，其也是战略性新兴产业实施必须达到的具体要求：

（1）集中优势资源，实施攻关计划。

结合当前中国经济与社会发展的现实情况，可以直观感受到各个产业领域正在以极快的速度不断实现种种突破，进而使中国经济和社会整体呈现出又好又快的发展局面。但是，中国产业的未来发展势必会面对诸多严峻挑战，高质量、高水平、高效率的创新无疑是应对挑战的基本要求。这就需要在国家层面做到瞄准关键核心技术和重点产业，进行最大限度的定向突破，以解决产业发展的后顾之忧。其中，全面整合现有的优势资源，做到高水平人才的产业聚集，让集成电路、虚拟现实、生物医药等领域的核心技术尽快得到突破自然成为重中之重。另外，还要将重大项目联合攻关作为主要形式，在全面增强基础研究和基础应用研究实力的同时，找出关键共性技术、前沿引领技术、现代工程技术、颠覆性技术并逐一攻克，从根本上摆脱产业发展技术"卡脖子"和"受制于人"的局面。

从新时代中国特色社会主义事业建设与发展的目标来看，建成社会主义现代化强国是第二个百年奋斗目标，而创新型国家的全面建设是其必要前提。因此，中国经济与社会发展的关键在于产业创新，而创新体系的高度完善是重要的前提和保障。全面增强自主研发能力、实现"产学研用"一体化发展、以成型企业为主体自然成为主攻方向，以确保中国产业各领域始终有新的前沿技术与产品出现，始终有关键性和基础性装备作为中国经济与社会发展的重要保证，从而使具有中国特色的社会主义经济能够始终保持高质量发展姿态。

（2）打造世界级产业集群，加强国际竞争力。

当前战略性新兴产业的总体部署极为明确，就是将中国产业推向价值链的中高端，所以要将全面打造世界级产业集群作为主要抓手。立足该战略部署，中国未来新兴产业必须找到世界级产业集群发展的客观规律，并通过科学的资源配置努力打造出阶段性的创新网络，让中国产业与国际产业之间始终保持良好的合作与竞争，增加中国新兴产业的国际竞争力。

这就需要不断加大战略性新兴产业的开放力度，全面加强其与世界科技及产业之间的合作交流，使中国新兴产业真正做到与全球价值链分工体系深度融合，为中国新兴产业层级的不断提升提供更多的机会。具体操作应包括进一步深化"走出去"和"引进来"理念，让跨国合作能够更好地服务中国新兴产业集群建设与发展，从开放、合作、共享这一视角出发来谋划中国新兴产业的未来发展，从而促进战略性新兴产业目标的全面实现。

（三）战略性新兴产业实施的具体思路

战略性新兴产业的实施无疑是一项长期工程，这也意味着其将面临各种挑战，特别是在当今时代国际经济发展大环境日趋复杂的背景下，中国"十四五"规划的全面实施需要不断提升产业安全等级，形成健全的产业安全体系，同时将不断提升产业创新能力和打造世界级产业集群放在重要位置。其中，对战略性新兴产业的共性技术、瓶颈技术、前沿跨领域技术的深层次探索是重中之重，以形成国家新兴产业创新发展体系，实现中国产业的高质量发展。

在该战略的驱动下，中国将在 2035 年进入创新型国家行列，而创新驱动力将助力中国产业实现根本性转变，促进中国经济与社会发展水平的进一步提升。中国创新战略的具体规划以战略性新兴产业的全面发展为核心，以科技为先导，致力于使科技革命和产业变革成为中国产业发展迈上新台阶的重要支撑。因此，中国产业既要做到促进前沿领域的发展，又要强调颠覆性技术的深层次研究，并形成全方位的产业布局，从而更好地融入全球价值链，并处在高端的位置。根据战略性新兴产业的总体构想，可以梳理出战略性新兴产业实施的具体方向，也可以明确实施过程的侧重点，而这恰恰也是实施过程具体思路的直观表达。中国新兴产业集群框架见表 1-1。

表 1-1　中国新兴产业集群框架

	新兴产业类型	所辖范围	具体领域
中国新兴产业集群	新一代信息技术产业	物联网	—
		电子通信	—
		智能网联汽车	—
		天地一体化信息网络	—
		集成电路	—
		操作系统和工业软件	—
		智能制造核心信息设备	—
	生物产业	生物医药	疾病预防
			疾病诊断
			疾病治疗技术
			药物研发与生产
			疾病康复
			中医药
		生物制造	生物能源提取
			生物化工材料制造技术
			生物反应器具及装备技术

续　表

	新兴产业类型	所辖范围	具体领域
中国新兴产业集群	高端装备制造产业	航空装备	大型客机
			新一代军用战斗机
			军用大型运输机
			支线飞机
			多用途飞机和直升机
			航空发动机
			无人驾驶和小型化
		航天装备	卫星遥感技术
			卫星通信技术
			卫星导航定位系统
		海洋装备	海洋油田与天然气开采装备
			高技术船舶
			新型海洋及远洋资源技术装备
			改善海洋环境技术装备
			海洋资源测量装备与技术开发
			海洋环境立体观测装备和探索技术体系
		民生高端装备	农业生产装备
			食品生产装备
			纺织生产装备
			医疗设备生产装备
		智能制造装备	航空航天发动机智能制造装备
			新型舰船及远洋深海探测智能制造工艺装备
			新能源汽车及关键技术成套生产装备
			国家重点领域急需精工装备

	新兴产业类型	所辖范围	具体领域
中国新兴产业集群	新材料产业	先进无机非金属材料	—
		重大工程所用先进金属材料	—
		高分子及复合型材料	—
		高性能稀土材料	—
		新能源与节能环保材料	—
		电子信息功能材料	—
		碳纤维材料	
		高端生物医用材料	—
		前沿新材料与材料基因工程	—
	绿色低碳产业	能源新技术	煤炭清洁高效利用产业
			非常规天然气产业
			综合能源服务产业
			核能源产业
			风能、电能、太阳能光电、生物质能、地热能等产业
		节能环保	节能产业
			环保产业
			资源循环利用产业
		新能源汽车	整车集成
			动力电池与燃料电池
			电动机驱动与智能网联

续　表

新兴产业类型		所辖范围	具体领域
中国新兴产业集群	数字创意产业	数字创意技术装备制造	超高清产业
			VR 与 AR 产业
			数字内容生产与创新设计软件
		数字文化内容创新	数字文化内容创作
			智能内容生产平台
			文化资源转换
		创新设计	生产制造业创新设计
			装备制造业创新设计
			服务业创新设计
			人居环境创新设计

1. 发展新一代信息技术产业

作为"十四五"开局之年，2021 年党和国家在产业发展方面做出了一系列战略部署，发展新一代信息技术产业被放在首位。其基本发展思路主要体现在两方面：一是云计算、大数据、AI 技术方面取得进一步突破，从而为各领域实现高质量发展提供更为强大的技术支撑；二是推进智能网联汽车、工业互联网等领域的全面发展，并在下一个五年规划之前达到世界领先水平，使中国产业迈向高端化，从而推动中国经济与社会保持又好又快的高质量发展势头。预计到 2025 年，中国产业销售总额将创新高，第一、第二、第三产业实现深度融合，实体经济能够在新一代信息技术产业逐渐走向成熟的过程中得到最大限度的发展，使这些领域能够达到世界领先水平。

就"十四五"期间新一代信息技术产业的发展而言，物联网、电子通信、智能网联汽车、天地一体化信息网络、集成电路、操作系统和工业软件、智能制造核心信息设备是重点发展领域，更是新一代信息技术产业达到世界领先水平的基础。

到 2035 年，中国新一代信息技术产业要全面实现移动通信技术、网络技术、信息安全技术、半导体、电子元器件、云计算技术、各类操作系统和软件、新型显示技术达到全球领先水平的目标，并能够引领世界新一代信息技术的发展。

2. 发展生物产业

在"十四五"规划期间，我国在医药创新领域提出了更高的目标和要求，即打造出从科研至成药全过程的产业链，为中国新药物和新疗法的可持续发展奠定基础，更为中国医疗卫生事业的高质量发展提供强大的支撑力。其间，要结合国家创新药物研发技术体系的全面强化和精准药物设计，在国家现代生物学、信息技术创新、材料科学等领域不断取得突破，进而打造出新药物发现和生产体系。另外，还要立足技术的深度研发和应用，全面加快基因治疗、免疫治疗、细胞治疗等领域又好又快发展，实现中国从医药生产大国向医药创新强国的转变。

除此之外，在"十四五"规划期间，生物产业要强调疾病预防医学、早期诊断医学、疾病治疗技术与药物研发与生产、疾病康复技术、中医药创新、能源生物提取、生物化工材料制造技术、生物反应器具及装备技术领域的全面发展，确保中国医疗卫生事业发展能够呈现出新局面。

至 2035 年，中国要在全球生物科学和生物创新两个领域占据重要位置，并呈现出"多点开花"的局面；无论是在原创性科研成果方面，还是在原创性科研人才方面，都能够保持高度聚集状态，引领世界生物产业的未来发展。

3. 发展高端装备制造产业

科学技术是第一生产力，也是实现社会可持续发展和又好又快发展的重要支撑条件。面对当今国际经济与社会发展的大环境，中国各产业领域正在不断依托先进的科学技术，谋求可持续性发展道路。中国不仅是一个经济与社会高速发展的大国，更是一个具有高度责任感的大国，在探索各个生产领域发展新道路的过程中，无时无刻不在履行一个大国的责任与担当。高端装备制造产业的高质量发展就是其具体表现之一，在关键核心技术攻关方面有着明确的指向，具体包括以下五个方面：

（1）航空装备领域。该领域主要将民用航空和军用飞机的相关先进装备作为重中之重，将航空发动机、无人驾驶、小型化等关键新技术装备的研发与生产作为主攻方面，以确保中国航空事业的高质量发展。

（2）航天装备领域。该领域聚焦空间和地面系统的全面建设，其中包括卫星遥感技术、卫星通信技术、卫星导航定位系统的深度研发，并形成高度一体化的空间与地面系统。

（3）海洋装备领域。该领域致力于提高我国海洋事业发展的信息化水平和智能化水平，满足国家发展对船舶、海洋油田与天然气等重要资源的需求；集中指向国家新型海洋及远洋资源技术装备和改善海洋环境技术装备的开发，构建完善的海洋资源测量装备与技术开发以及海洋环境立体观测装备和探索技术体系。

（4）智能制造装备领域。该领域集中指向国家重点领域急需精工装备的科研攻关及生产制造，如国家航空航天发动机智能装备的生产制造，新型舰船及远洋深海探测智能制造工艺装备、新能源汽车及关键技术成套生产装备的研发与生产制造等，以确保中国经济与社会发展的高端化和智能化。

（5）民生高端装备领域。改善民生一直是党和国家全面建设中国特色社会主义事业的重要任务。全面满足人民群众日常生产生活的基本需求，并不断提升人民群众的生活质量始终是党和国家的奋斗目标和重要使命。对此，"十四五"规划期间，中国产业发展更注重智能农业生产装备的技术研发，全面加快现代化农机设备和装备产业的转型升级，为绿色农业发展提供强有力的技术保障。除此之外，在食品、纺织与医疗卫生的安全性与适应性方面，更加强调高标准化、高集成化、高智能化、高敏捷化，不断突破食品、纺织与医疗卫生领域装备制造的瓶颈，打造装备产业化发展新的局面。

4. 发展新材料产业

就中国当前与未来发展的重要着力点而言，中国新兴产业可以归纳为三类，即新技术、新材料、新工艺。其中，新材料是关键性因素，无论是在新产品的研发与生产技术创新方面，还是在新产品的最终应用方面，新材料都发挥着至关重要的作用。因此，不断发展新材料产业自然成为战略性新兴产业实施具体思路的重要组成部分。

在"十四五"规划期间，新材料产业发展应始终坚持研究视角的高度创新，不断加大技术性攻关力度，实现先进无机非金属材料、高分子及复合型材料、高性能稀土材料、新能源材料、节能环保材料等的深度研发和链条化生产，为战略性新兴产业步入高质量发展阶段夯实基础。

至2035年，中国新材料产业的发展应达到电子信息功能材料创新体系的高度完善，能够满足各领域新装备生产制造的切实需要，同时先进无机非金属材料产业实现做大做强，为金属材料工程技术达到世界领先水平提供强有力的保障目标。另外，在碳纤维材料、高端生物医用材料、前沿新材料与材料基因工程等领域，要达到能够满足我国军工、医疗卫生等事业高质量发展的切实需要这一重要目标，确保战略性新兴产业全面助推中国经济与社会的高质量发展。

5. 发展绿色低碳产业

（1）能源新技术产业。根据当前能源发展的现实条件，以及能源需求情况和未来发展的大趋势，可知清洁能源已经成为当下乃至未来国家能源需求的主体，因此从"十四五"规划期间直至2035年，清洁能源的研发和高效利用将始终是中国能源领域关注的焦点。伴随"双碳"目标

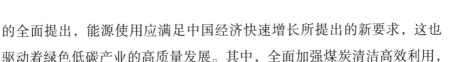

的全面提出，能源使用应满足中国经济快速增长所提出的新要求，这也驱动着绿色低碳产业的高质量发展。其中，全面加强煤炭清洁高效利用，促进非常规天然气、综合能源服务、核能源、风能、电能、太阳能等产业的发展成为能源领域产业发展思路的重要组成部分。

（2）节能环保产业。由于当前中国已经进入"十四五"规划的第三年，环境高质量发展也进入全面攻坚阶段，大气、水、土壤的污染防治工作也迈上新的台阶，全面加强科技攻关能力和提升产业化水平成为"十四五"规划的重点任务。其中，污染要素、污染点源、生态破坏类型确定以及污染物监测等核心技术难点的全面突破显然是重中之重，既要做到在技术攻关方面不断加大科研经费和其他资源的投入力度，还要在装备生产方面形成产业化发展格局，进而建立环境工程科技体系。节能、环保、资源循环利用等产业的发展显然成为战略性新兴产业实施总体思路的又一基本组成部分。

（3）新能源汽车产业。新能源汽车作为中国汽车工业发展的新方向，是中国全面践行"双碳"目标的重要体现，也是中国"十四五"规划期间新兴产业发展的重点。在此期间，既要加强该产业的基础设施建设，更要强调其核心技术的创新和市场化发展平台的全面构建，进而形成一条完整的新能源汽车产业链。其中，要将电动汽车和插电式混合电动汽车产业链的构建作为重点，并将燃料电池汽车产业链作为重要补充，从而改变我国汽车产业发展的原有布局。

放眼 2035 年，中国新能源汽车产业要想实现高质量发展，就必须实现汽车技术的电动化、智能化、网联化、共享化，同时在整车生产与相关装备制造方面也要达到世界先进水平，让燃料电池技术和产业化发展无论在规模上还是在成熟度上都能实现大幅提升，从而促进中国产业发展进入低碳、绿色时代。

6. 发展数字创意产业

从当今乃至未来时代发展的动力条件角度分析，信息技术的发展显然起着决定性作用，其原因在于信息技术可以让网络与实体经济之间保持深度融合，同时能为虚拟经济实现高质量发展架设桥梁。基于此，在2035年之前，中国数字创意产业的发展要以信息技术的发展为契机，在创新设计、数字文化内容创新、数字创意技术装备制造等领域实现体系化发展。

具体而言，在"十四五"规划期间，信息技术产业发展的重点要放在超高清、VR、AR、数字内容生产、创新设计软件五个领域的全面开发方面，使数字文化内容创作和智能内容生产拥有较为理想的平台，同时使生产制造业、装备制造业、服务业和人居环境四个领域的创新设计拥有标准化的产业链，满足全社会对信息技术的高标准需求。

到2035年，中国要全面实现公众在万物互联的世界中能够无障碍获取一切公共资源信息，同时数字内容在有线和无线终端的传播速度能够达到1Gbps的标准，数字内容始终保持精准分发，公众能够拥有沉浸式的生活环境和办公环境的目标。知识与虚拟世界更深层次的融合、创意创新的高度协同、定制化数字内容消费等多个领域无疑成为这一目标的基本体现，也是战略性新兴产业实施具体思路的又一重要表现。

二、当前中国企业发展的切实需要

面对中国产业经济发展所提出的严峻挑战，企业完成转型升级已经成为其适应时代发展大背景的一项根本任务。结合中国当前产业经济发展的现实任务和需求，不难看出当前中国企业在谋求高质量发展的过程中的切实需要较为明显，如图1-1所示。

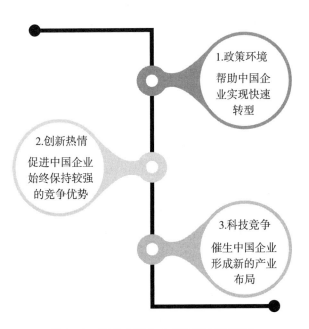

图 1-1　当前中国企业发展的切实需要

在中国产业经济飞速发展的时代背景下，实现转型升级已经成为中国企业在当前产业经济发展大环境中的切实需要。其不仅在发展方向方面有着切实的需要，在技术层面、政策层面、资金层面也有着极为切实的需要，具体表现如下。

（一）增长势能强劲的产业发展大环境要求中国企业尽快实现转型

自 2010 年起，中国产业结构调整工作就已经全面启动，战略性新兴产业也随之得到了初步确定。在十三年的产业发展历程中，战略性新兴产业在全国经济增长中始终发挥着引擎作用，并且随着时代的发展规模不断扩大，为中国经济又好又快发展注入源源不断的动力。2021 年，战略性新兴产业增加值占国内生产总值（GDP）的 13.4%，比 2020 年提高1.7%。虽然国家统计局并未公布 2022 年的有关数据，但由以上数据可以判断其必然呈上升趋势。在未来中国经济发展过程中，战略性新兴产业的发展规模和增加值占比也将保持快速增长，平均增速甚至可能会继续高于经济总体增速，新兴产业在支柱性产业发展中的引擎作用也会进一步突显。

从"十三五"规划期间开始，中国战略性新兴产业中新兴动能的发展势头日趋强劲，其中新一代信息技术、生物、高端装备制造、绿色低碳、新材料等领域的发展势头更是迅猛，使新兴产业的全面发展拥有了强劲的动力。国家统计局的相关数据显示，在诸多新兴产业全面发展的背景下，中国经济发展的新动能指数正在呈现逐年上升的态势。预计未来中国产业在数字经济、人工智能、集成电路、大数据、新能源汽车、装备制造等领域将会呈现出更为强劲的发展势头，为中国经济高质量发展起到重要支撑作用。结合以上观点，当前中国企业在寻求高质量发展的过程中要将转型升级放在重要位置，以高尖端技术和设备的研发以及生产制造作为重点方向，这也充分反映出当前中国企业发展的基本需求。

（二）创新热情持续高涨要求中国企业具备强大的竞争优势

从当前中国第一、第二、第三产业发展的现实情况来看，全面提升优势产能已经成为产业发展的首要任务，而创新则成为中国产业化发展的重要动力。尤其在战略性新兴产业规划全面提出和深入落实的大背景下，国家已经形成促进产业创新的体系架构，并在创新成果转化方面不断加大投入力度，因此创新已经成为产业发展的不懈追求，在培育出更多战略性新兴产业的同时促进其又好又快发展自然成为产业发展的切实需要。其最为明显的表现就是政府部门正在不断加大战略性新兴产业基础研究工作的力度，让关键技术与核心技术攻关能够拥有资源和理想环境的保证，以此确保战略性新兴产业始终在新兴行业和经济发展速度全面提升的过程中释放创新活力，不断增强新兴产业的发展动力。在此环境和背景之下，中国企业要想获得发展显然要具备较强的竞争优势，这也是当前中国企业发展的又一切实需要。

国家统计局的相关数据显示，2021 年，中国新兴产业的创新驱动指数已经达到 293.5，比 2020 年相比增长了 20.5 个百分点；科技创新成果的丰硕程度更是前所未有，每万名 R&D 人员专利授权总数已经超过 4600 件，与 2014 年相比翻了一番。

由此可见，战略性新兴产业创新投入的热情持续高涨，创新成为新兴产业发展的主题，同时成为第一、第二、第三产业发展的根本立足点。在这一产业发展大环境中，企业通过创新实现转型成为必然之选。

另外，根据国家信息中心调查数据所反映的现实情况，当前企业普遍希望政府能够对提高其创新能力提供政策性帮助。其中，近七成的企业希望政府能够在核心技术研发方面给予更大的支持，近六成的企业希望政府能够在其技术升级与改造方面提供大力支持。

随着近几年全国企业积极响应"大众创业、万众创新"的号召，战略性新兴产业的市场主体持续快速增加，这显然为新兴行业的发展注入了新的活力，加快了新兴产业的发展进程。在这种产业发展的大环境和大背景下，企业要积极适应，同时要具备可持续发展的条件，即强大的竞争优势，这是当前中国企业发展的又一迫切需要。

（三）愈发激烈的科技竞争需要企业进行新的未来产业布局

在"十四五"规划期间，中国已经全面迎来新一轮的前沿科技发展浪潮，并且在全球范围内将主体经济可持续发展的视角向高新科技领域转移，同时不断制定国家层面的战略发展规划。面对当今世界经济发展变革，中国将高新科学技术产业作为重点发展对象，在提出国家级战略发展规划的同时，不断对其前沿新兴科技产业进行战略部署，推动中国新兴产业和重点行业的高质量发展。

2020 年，美国出台了《关键与新兴技术国家标准战略》，对二十项关键技术和新兴技术重新进行了定义，并且针对新兴产业的发展做出了明确的战略部署，其中量子、人工智能等领域作为战略性新兴产业，将始终处于全球主导地位。美国政府在《2022 财年政府研发预算优先事项和全局行动备忘录》中明确指出，对国家安全、未来工业、能源环境等领域的高新技术产业发展不断增加政府财政预算，并将重点落在基础设施建设和应用研究两个方面。

欧盟在其发布的《2021—2027 年多年期财改框架》《塑造欧洲数字未来》《人工智能白皮书》《欧洲数据战略》等相关文件中明确指出，在未来产业发展过程中，各国应继续加大人工智能、超级计算、量子通信、区块链等领域的技术研发和应用方面的资金投入力度，进而形成高尖端科技产业战略化发展格局。日本在其发布的《科学技术创新基本计划（草案）》中也明确指出，国家未来产业化发展的新动态集中体现在数字技术领域，从而形成科学技术创新发展新局面。

面对世界产业和经济发展新格局，中国在"十四五"规划期间明确强调新兴产业发展战略，努力推动中国新兴产业实现又好又快发展。中国既要在航空航天领域不断实现新突破，还要在材料、能源、计算机技术等领域不断实现新发展，进而形成涉猎范围广泛的未来产业发展布局。面对国内与国外新兴产业布局规划与调整的总体态势，科技竞争成为主旋律，这意味着中国企业面对世界范围内激烈的科技竞争，必须具备适应世界产业发展大环境的能力，进行新的未来产业布局，这也是中国企业发展最为基础和迫切的需要。

（四）营商环境的持续创新需要有新型政企关系作为支撑

从当前中国产业战略规划、布局、实施的成果来看，维持新兴产业健康可持续发展需要政府和市场的共同努力。作为产业发展的中流砥柱，企业面对中国产业战略规划和布局的全面调整以及大力实施的新环境，必须与政府形成合力，从而营造出较为理想的营商环境，支持中国产业的可持续发展。特别是伴随着中国战略性新兴产业的飞速发展，原有的界限分明的政府与市场的关系也必将被打破，企业要在不断明确其市场分工的同时，注重合作关系的全面建立，而这也正是当前中国企业发展的切实需要。

产业内部的公共服务不仅要由政府提供，还要由市场内部的诸多企业共同提供，尤其是在智慧城市全面建设的大背景下，越来越多的企业成为智慧城市的运营商，在各个领域承担着重要的公共服务职能，其中高新科技的研发与应用更是直接推动了产业化发展进程，并且对中国新兴产业的高质量发展起到了有力的推动作用。在这一环境下，政府显然要成为新兴产业建设与发展的主导，对其发展方向进行宏观把控，而处于市场运作过程中的企业无疑成为主力军，其所需要的硬件条件和软环境需要其自身去开发和创造，政府只是为其提供政策和资金层面的支持，进而形成宏观方向准确把控、内在需求充分满足的新型政企关系，最终形成一套较为完整、适合当前产业经济发展大环境的公共服务体系，为新兴产业发展进程的不断加快提供较为理想的空间。这显然是当前中国企业发展的迫切需要，也是中国新兴产业实现又好又快发展必须具备的重要前提条件。

三、战略性新兴产业实施对企业发展需要发挥的明确指向作用

战略性新兴产业作为国家级发展战略，对中国经济与社会的高质量发展具有至关重要的导向和推动作用。在该战略全面实施的背景下，企业发展的切实需要更为具体，企业发展的总体方向和总体思路也更为明确。这也正是战略性新兴产业实施对企业发展需要发挥明确指向作用的直观表现。以下就针对这一直观表现进行具体说明。

（一）自主创新基础能力需求

放眼未来，战略性新兴产业的全面实施会将中国新兴产业不断推向

新的发展高潮，带动各领域实现高度自主创新成为中国未来经济与社会发展的主要方向。然而，新兴产业的高质量和高速度发展需要完备的硬件条件和软环境作为支撑，这样才能确保中国新兴产业形成自主创新发展格局，并最终实现引领产业发展的目的。针对当前战略性新兴产业全面实施的总体态势，虽然政府在基础学科、科学基础设施建设、科研成果转化等方面不断加大投入力度，但是与中国新兴产业发展速度并未实现高度匹配。

早在 2019 年，中国政府向新兴产业投入的基础研究经费已经超过 1000 亿人民币，占中国各领域科研经费总量的 6% 左右。随着时间的推移，当前中国政府对新兴产业科研经费的投入总量依然保持逐年上升的态势。但西方发达国家对科研经费的投入总量往往保持在 15% 左右，这说明中国新兴产业基础研究经费的投入与西方发达国家存在一定差距。另外，在新兴产业公共服务平台建设方面，虽然国家大力号召各地方政府根据新兴产业发展的实际情况全面建设科研公共服务平台，并为之提供强有力的资金支持，但面对中国新兴产业发展步伐的不断加快，相关投入显然与发展需求存在一定的不匹配性。无论是在公共平台的数量方面，还是在服务能力方面都有较大的需求缺口。此外，从新兴产业基础设施方面分析，新一代信息技术显然是确保中国新兴产业实现深度发展的重要保障条件，其中 5G（第五代移动通信技术）、人工智能技术、物联网技术、工业互联网技术的全面应用更是对新兴产业实现技术创新提出了更高的要求。这也对新兴产业和重点产业的企业未来发展需要起到了指向作用，同时为国家对新兴产业的战略投入指明了方向。

（二）产业供应链安全保障需进一步加强

当前世界范围内产业发展的大环境中依然存在很多不确定性因素，这些因素会影响各产业的正常运转，从而影响全球经济发展，引起产业经济格局的重构。中国经济与社会发展同样要受到这些因素的影响，全面加强产业合作是未来中国经济与社会发展的重要任务，消除技术壁垒并实现关键技术的全面突破，最终实现产业供应链安全发展自然成为其中的关键。

战略性新兴产业恰恰是为了使中国未来社会与经济更好地应对上述局面所制定的一项国家战略，其在实施过程中更加强调龙头企业能够避免遭受核心技术"断供"，进而充分保证产业供应链始终处于安全状态。对此，在国家战略性新兴产业全面实施的背景下，确保产业供应链的高度安全自然成为企业发展的切实需要，在重点领域不断实现关键技术的突破也成为企业未来发展的重点方向。

（三）更好地适应产业集群化发展

从"十三五"规划开始，中国在诸多地区全面开展产业集群建设工作，"十四五"规划更是将新兴产业集群建设作为重中之重，以更好地推动中国经济与社会实现高质量发展。但是，就当前中国新兴产业集群化发展的总体状态来看，依然有短板需要补齐，只有这样才能以为中国经济与社会的高质量发展提供新的增长点和着力点。

目前，中国在新兴产业集群化发展的基础设施方面依然较为薄弱，难以满足集群化发展的现实需要，这也正是其短板最为直观的体现。例如，北、上、广、深等一线城市在新兴产业集群建设用地方面受到严重的资源限制，给新兴产业集群化发展造成了严重的阻碍。其中，深圳市作为中国新兴产业发展重地，是全面加快中国新兴产业发展步伐的主力军，但在产业用地方面却存在着明显的土地资源紧缺的问题。在"十三五"规划期间，深圳市新兴产业用地仅为270平方千米，虽然在"十四五"规划期间用地面积有所增加，但随着我国新兴产业发展步伐的不断加快，新增用地也即将用尽，产业集群的规模化发展很快就会受到严重限制。由此，在战略性新兴产业实施背景下，有效拓展用地面积自然成为企业当前乃至未来发展的切实需要之一。此外，企业在技术层面和新产品研发层面的储备较少，无论是在新产品研发方面，还是在技术攻关方面，都能体现出这一点，而这显然也会制约新兴产业集群化发展。

（四）高端人才必须面向结构性调整

从战略性新兴产业全面深化落实的必然条件出发，"创新发展"无疑是核心，也是关键条件，而人才的创新发展则是根本。就目前而言，中国重点行业和新兴产业发展虽然已经取得了显著成就，但在关键技术和核心技术的创新方面依然有很大的发展空间，而各领域高端人才的全面培养要作为一项长远规划。其中，在人才引进方面，必须形成一套完整的全球性人才吸纳体系，广泛吸纳全球范围内的科研人员和技术研发团队，将华裔科研人才和技术研发领军人物视为重点吸纳对象，为海外归国人才提供全方位的便利条件，确保各个新兴行业和重点行业的人才能够成为中国高端人才培养的带头人和主力军，力求中国新兴行业和重点行业高端人才能够满足战略性新兴产业实施的切实需要。例如，在数字创意产业发展过程中，高端人才既要对创意有着极为深刻的了解，还要兼顾数字技术的深度研发与应用，即所谓的"复合型人才"，其应作为中国新兴行业和重点行业人才结构的重要组成部分。所以，在国家战略性新兴产业全面实施的背景下，高端人才战略性结构调整也成为企业未来发展的具体需要。

（五）全面增强国际化发展能力

从当前战略性新兴产业实施所取得的显著成果来看，新兴产业在中国产业经济发展中的作用正在逐渐增强，在2035年之前其将成为中国经济与社会发展的中坚力量。但目前而言，战略性新兴产业全面实施背景下的重点行业和新兴产业在国际市场上依然是"新兵"，无论是在经验积累方面，还是在能力与公共服务水平方面，依然有很大的上升空间，这些方面的不断提升会对新兴产业和重点行业的发展起到直接、重要的推动作用。

在战略性新兴产业全面深化落实的进程中，我国应广泛积累其他国家新兴产业发展的成功经验，不断增强企业的公共服务能力，这也为新兴产业和重点行业企业未来发展战略规划指明了方向。另外，企业既要在国际市场准入方面做足准备工作，又要强调国际知识产权的保护与竞争，进而形成较为理想的国际合作和国际化发展的理想环境。最后，在战略性新兴产业全面深化落实的进程中，企业对国际化公共服务的需求程度会不断提升，具体表现在两方面：一是尽快适应国外商业环境，对其法律、税务、财务等制度进行全面的了解，以确保国际合作高度畅通；二是获取政策信息，确保各项合作获得全面支持。这两方面的有效提升自然成为企业（特别是新兴产业和重点行业所辖企业）未来发展的必然需要。

第二节　直接投资方式与地方新兴产业发展需求不匹配性明显

新兴行业作为全面推动中国经济与社会发展的新兴力量，在加快地方经济与促进社会创新发展的过程中扮演着极为重要的角色，并且逐渐成为地方经济与社会发展的支柱行业。其中，精准的投资是至关重要的一环，正确的投资方式则是关键，而现有的直接投资方式与地方新兴产业发展需求之间存在着明显的不匹配性。地方新兴行业的内涵与使命、直接投资的主要方式以及二者的不匹配性如图 1-2 所示。

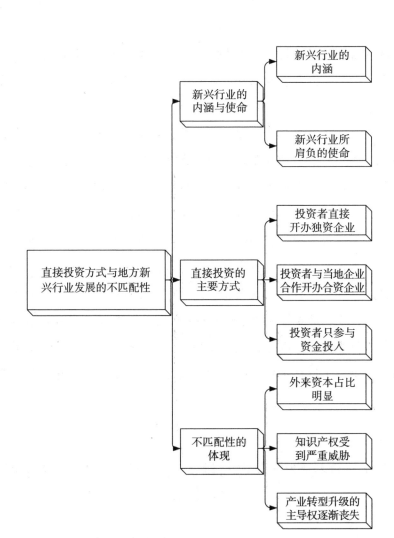

图 1-2　直接投资方式与地方新兴产业发展需求不匹配性的体现

　　在地方产业引导基金运行的全过程中，直接投资方式显然并不适用，这必然会对地方新兴产业发展的可持续性造成严重影响，也对投资方式提出了较高的要求。直接投资方式会限制地方新兴行业未来可持续发展，二者之间也存在明显的不匹配性，这正是全面构建地方产业引导基金模式的原因所在。

一、新兴行业的内涵和在社会发展中肩负的使命

新兴行业之所以在当今社会相继出现，主要是因为以下两点：一是中国已经全面开启创新型国家建设之路，并且已经进入中国特色社会主义现代化强国建设阶段；二是中国经济与社会发展的新理念已经在各领域得到深入落实，其以确保各领域的可持续发展作为根本目标，实现又好又快发展则是其最终追求。新兴行业逐渐成为中国未来经济与社会发展的核心力量。笔者接下来就对新兴行业的内涵和其在社会发展中所肩负的使命进行具体概括和说明，从而为证明直接投资方式与地方新兴产业发展需要存在明显的不匹配性奠定基础。

（一）新兴行业的内涵

所谓"新兴行业"，是指以科学技术迅猛发展为前提，在某一领域不断实现技术攻关，从而带动产业实现创新发展的新行业。由此可见，新兴行业作为科学技术创新发展的最终产物，具有较强的衍生性和创新性，与时代发展的大背景和大趋势之间保持高度的一致性。

当前，我国的新兴行业主要集中在节能环保、信息技术、生物、高端设备制造、新能源、新材料、新能源汽车七个领域，是国家与社会实现可持续发展并保持快速发展势头的中坚力量，更是我国未来经济发展的核心。

随着时代发展步伐的不断加快，科学技术创新已经成为推动中国社会和经济保持高质量发展的关键条件，特别是在"创新""协调""绿色""开放""共享"的新发展理念不断深化落实的时代背景下，必然会促进更多新兴行业的出现，从而引领中国社会和经济又好又快发展。

（二）新兴行业在社会发展中肩负的使命

新兴行业是中国社会与经济谋求高质量发展的必然产物，也是中国全面建设创新型国家并最终成为社会主义现代化强国的关键力量。这也

充分说明新兴行业在当今乃至未来的中国社会发展中肩负着至关重要的使命，对中国经济与社会实现又好又快发展具有重要意义。

1. 成就科技革命和产业变革的未来

科技革命以及产业变革是时代发展的力量之源。其中，科技革命是指科学技术发生的全面性和根本性的变革，新技术的相继出现让行业发展拥有更为强大的技术支撑。产业变革则是指经营者结合市场发展大环境，主动对原有生产经营状态进行调整，以求达到生产经营与市场经济发展大环境高度统一的全过程。

从当前中国市场经济发展战略规划角度进行分析，"创新""绿色"是基本要务，"协调""开放""共享"是基本原则。也就是说，当代中国经济的发展要在"协调""开放""共享"的原则下，始终保持创新发展和绿色发展的态势，这也意味着以科学技术创新发展为基础的产业结构调整将迈向新高度，新兴行业的相继出现充分满足了当今乃至未来中国市场经济发展的切实需求，这也是新兴行业在社会发展中肩负的一项重要使命。

2. 为产业转型升级和经济社会繁荣提供新的发展动力

"产业转型升级"的实质就是产业结构的高级化，主要体现在技术升级、市场升级、管理升级三方面。三种升级方式的深化落实需要固有的生产技术、市场开发的方向、经营与管理模式的高度创新，这也将促进新兴行业的出现。

"经济社会"，顾名思义，指的就是"经济"和"社会"，不仅涉及人类活动的方方面面，还涉及人类生活的基本环境。经济社会的繁荣是社会发展的直观体现。各种新技术支撑下的新产品能够有力地推动人类生存环境的优化，也催生了新兴行业的相继出现。由此可见，新兴行业在社会发展中肩负着推动中国产业转型升级和经济社会发展的重要使命。

3. 突破资源要素环境变化所带来的客观局限

众所周知，确保资源要素的充足性始终是社会发展的必要条件，但资源要素在任何时代都会伴有明显的局限性，想要实现跨越式发展就必须打破这一固有的局限性，从而开发出社会发展所必需的资源要素。其间存在一个明显的矛盾，即充足的社会资源要素和社会资源要素的局限性。

基于此，新兴行业需要通过不断的技术创新来突破资源要素的局限性，在确保中国经济与社会实现又好又快发展的同时，让产业、市场经济、企业管理能够实现结构上的转型升级。可见，新兴行业在社会发展中肩负着突破资源要素环境变化所带来的客观局限的重要使命。

二、直接投资的主要方式

直接投资通常是行业与投资者实现共赢的有效途径。目前，在我国各行业的发展过程中，直接投资的特点极为鲜明，能够充分体现推动我国各行业发展的优势。直接投资的主要方式包括以下三种。

（一）投资者直接开办独资企业并且独自经营

该直接投资方式有着明显的特点，即投资者作为企业唯一的资金来源，在企业经营和管理方面行使着唯一的主导权。具体来讲，就是投资者不需要借助任何外力，可以直接投资企业；在企业经营和管理过程中，投资者是一切措施的提出者和一切策略的制定者，企业经营与发展的最终收益只属于投资者本人。

该直接投资方式是投资者在我国各行业投资过程中所采用的主要投资方式之一，不仅可以促进行业内部形成良好的竞争关系，也对扩大行业规模起到强有力的推动作用。

（二）投资者与当地企业合作开办合资企业

该直接投资方式是根据投资者投资所占份额划分企业经营和管理权

限，并且明确企业经营和发展的最终收益的分配。具体而言，就是合资企业投资者按照其投资总额在企业总资产中所占的比例，获得参与企业经营和管理的权限，并且在年度企业经营与发展的总收益中获得与之相对应的份额。

该直接投资方式也是投资者在我国各行业投资过程中所采用的主要投资方式之一，不仅可以确保企业在发展过程中获得更多的资金支持，也有利于企业经营与管理措施的深化改革，通常被视为推动行业高质量发展的重要力量。

（三）投资者参与资金投资但不参与经营和管理活动

该直接投资方式的特征也具有一定的代表性，即资本与运作方式相分离。投资者仅仅作为合资企业资金的重要来源，为企业发展提供重要的资金支持，但是并不作为企业经营与管理的主体。除此之外，合资企业在年终按照相应的比例将一部分企业收益支付于投资者，投资者只有资金投入和利益分享的权益，并不具备企业经营和管理权益。

这一直接投资方式也是投资者在我国各行业投资过程中所采用的主要投资方式，不仅让企业始终将经营权和管理权牢牢把握在自己手中，成为合资企业经营和管理的唯一主体，也有利于企业自主知识产权的全面保护。

三、直接投资方式与地方新兴行业发展需求不匹配性的体现

以上投资方式与地方新兴行业未来可持续发展之间存在一定的不匹配性，导致地方新兴行业未来的高质量发展面临各种各样的局限性。这种不匹配性具体包括以下三方面。

（一）地方新兴行业的资本市场将被外来资本占据

地方新兴行业的相继出现和发展规模的不断扩大的最终目的就是成为地方经济与社会发展的重要支柱，而上文所阐述的三种直接投资方式

存在一个共性特征，即投资者会在地方新兴行业的收益中抽取一部分。需要特别说明的是，地方新兴行业的投资者往往都是外资机构，虽然现有的直接投资方式可以为地方新兴行业发展提供一定的资金支持，但是其所抽取的行业收益占总收益的比例往往较大，这会在很大程度上限制地方新兴行业的未来发展。

虽然投资者在抽取新兴行业一部分收益之后，会继续加大行业直接投资的力度，但是其收益抽取的比例也会随之增加，导致地方新兴行业资本市场被外来资本占据的风险变大，而这显然与地方新兴产业发展的切实需求不匹配，这也是地方新兴行业在可持续发展过程中拒绝直接投资方式的首要原因。

（二）新技术研发的知识产权将受到威胁

新技术作为新兴行业的重要特征，也是新兴行业涉足各领域的技术支撑条件，因此不断研发新技术始终是新兴行业发展的核心任务，并赋能中国社会与经济的高质量发展。然而，在现有的直接投资方式中，投资者在一定程度上有权参与企业经营与管理活动，企业所研发的核心技术也会在一定程度上受到威胁。

当前我国已经出台知识产权法，虽然在技术专利方面做出了明确规定，但是还需要进一步完善，特别是在新兴行业核心技术研发的知识产权归属方面还需要进行不断细化。然而随着我国社会与经济发展进程的不断加快，地方新兴行业发展势头愈加迅猛，并没有充足的时间等待有关法律的细化。这也是直接投资方式与我国地方新兴行业发展需求不匹配的重要表现之一。

（三）产业转型升级的主导权将出现不同程度的流失

产业转型升级是推动中国市场经济实现并保持又好又快发展的关键，自主探索产业转型升级的道路自然也更加适合中国市场经济发展的现实状况。但是，结合前文所阐述的观点，不难发现投资者在各行业中普遍采用的部分投资方式会使其有权参与企业经营与管理，久而久之会对产业结构转型升级造成直接或间接的影响，行业发展的走势也会在潜移默化中发生改变。

新兴产业作为国家经济与社会实现高质量发展的新支柱，其规模的不断扩大需要有产业转型升级作为重要支撑，其方案能否具有高度的适应性会影响新兴行业未来能否实现长远发展。由于直接投资人有权参与企业经营与管理，会在产业转型升级过程中起到不同程度的作用。如果投资人并非来自当地，甚至为国外投资商，当地新兴行业产业升级转型的主导权则在一定程度上掌握在他人手中，行业发展规模会受到严重限制，新兴行业助推地方经济发展的作用效果也会随之受到严重影响。

新兴行业作为中国未来经济发展的新生力量，其规模正在迅速扩大，但直接投资方式显然与新兴产业当下乃至未来的发展需求存在不匹配性。地方新兴行业的发展会促进诸多具有优势和特色的产业相继出现，采用直接投资方式会对地方新兴产业经济的高质量发展带来严重制约。对此，探索出一种匹配性较高的投资方式无疑成为广大专家和学者关注的焦点。而产业引导基金模式也正是在这样的背景下产生的，并且在初步运行过程中取得了较为显著的成果。

第三节　产业引导基金模式初步运行成果显著

面对当今中国特色社会主义经济与社会发展所提出的新要求，各地在探索创新性经济发展道路的过程中就已经提出产业引导基金模式，并使其得到了初步运行，取得了较为显著的成果，主要体现在以下四个方面。

一、产业引导基金的组织形式得以确立

当前中国产业引导基金模式的初步运行秉承以市场为主导的理念，政府和其他有关管理机构只为其提供相应的服务和保障，具体表现为资金方面的投入和有关监管工作。为了达到较为理想的运作效果，会在全国建立产业引导基金管理委员会，对基金运作的整体情况进行定期监督和管理。产业引导基金组织形式见表1-2。

表1-2　产业引导基金组织形式

组织形式	有限合伙制	公司制	契约制
投资者的角色	合伙人	股东	信托人
法律构成关系	委托代理	委托代理	信托
监管	较松	严格	较松
管理人	普通合伙人	基金公司	信托机构
法律依据	合伙企业法	公司法	信托法

（一）有限合伙制

该组织形式作为产业引导基金模式运行过程中非常常见的一种组织形式，一般包括有限合伙和普通合伙两种方式。前者的合伙人主要负责向合伙企业提供资金，并不参与企业的经营和管理；后者的合伙人参与合伙企业的日常经营和管理活动，主要根据合伙人的等级高低来划分经营管理权。

（二）公司制

采用该产业引导基金组织形式的企业数量不多，企业规模也不大。该组织形式需要根据《中华人民共和国公司法》来设立，资金来源于企业的股东，同时企业的决策权也牢牢掌握在股东手中。除此之外，企业

还应设有股东会和监事会等机构。

（三）契约制

该组织形式的实质就是信托式私募基金，应将其归为代理投资的范畴，根据《中华人民共和国信托法》的有关规定，契约制产业引导基金组织形式下的投资者并不具备企业法人资格。

二、各阶段参股模式已经得到有效确立

各阶段参股模式的有效确立是产业引导基金实现有序运转的关键因素，中国现有的产业引导基金模式运行各投资阶段的参股模式已经有效形成，其在基金的设立条件和跟进投资条件方面都能得到体现。接下来笔者就围绕这两方面进行论述，以此进一步说明产业引导基金模式初步运行的显著成果。

（一）已经确定参股基金设立的基本条件

结合当前产业引导基金模式运行的现状，可以发现参股基金在组织形式、运行过程的管理、所采用的风险控制措施以及退出渠道等方面与产业引导基金的运行模式基本相同，依然保持有限合伙制和公司制两种组织形式。但是参股基金在构成方面却有母基金参与其中，而这样的运行模式比母基金的运行模式更为复杂，如有不慎将导致阶段参股模式面临巨大经营风险，甚至会导致所有投资功亏一篑。所以，我国在产业引导基金模式的运行过程中，在阶段参股模式的参股基金设立方面也有着明确的要求和规定。参股基金设立的基本条件见表1–3。

表1-3　参股基金设立的基本条件

序号	要求项目	要求对象	要求内容
1	注册地	参股基金管理机构	母基金所在地

续 表

序号	要求项目	要求对象	要求内容
2	管理要求	参股基金管理机构	在当地工商管理局备案
			注册资金为 500 万元人民币或以上，累积规模大于 53 亿元人民币，配备 3 位有 5 年以上投资基金经验的专职人员
			5 个以上投资成功的案例
			具有高度规范的工作流程，并且具备较强的基金风险管理意识
			委派的专门人员始终驻留项目现场，并且无任何违法记录
			享有不少于 1% 的积极持股比例
			具备健全的会计核算制度，并且符合审计流程的相关要求
3	规模	参股基金	项目规模不得低于 1 亿元人民币，并且平台公司母基金持股比例不能超过 25%，还不能作为最大的股东存在。除此之外，资金投入可通过分期的方式进行
4	投资对象	参股基金	将不少于政府投资总额 1.5 倍的资金投入地方企业，可以股权、债权、担保的方式进行地方企业的资金投入
5	出资比例	参股基金	参股基金管理机构的出资能够占到项目资金总额的 5% 以上
6	其他	参股基金	主动发起参股的人不能最先退股，母基金不承担无限赔偿责任，即母基金为有限合伙人

（二）跟进投资的条件已得到有效明确

"跟进投资"中的"跟"，顾名思义，就是一同参与，"进"则是指投资对象的选定。也就是说，跟进投资就是产业引导基金要与参股基金一道，选定同一个投资对象。这种情况主要出现在具有较大的投资潜力且资质较高的企业之中。其他企业想要获得产业引导基金和参股基金提供的更多资金支持，跟进投资就必须具备一系列条件，具体见表1-4。

表1-4　跟进投资的基本条件

序号	要求项目	要求对象	要求内容
1	注册地	被投资企业	必须在当地完成注册
2	产业	被投资企业	地方重点产业或地方主导产业
3	股权价格	引导基金	低于参股基金投资的股价
4	投资次数	引导基金	最多可进行2次股权投资
5	持股条件	参股基金管理机构	持股比例不能低于1%
6	股权管理	引导基金	委托参股基金进行统一管理
7	追索权	引导基金	引导基金用于剩余财产的优先清偿权

三、产业引导基金的功用逐步得到充分发挥

从运作模式来看，产业引导基金模式是一种具有高度创新性的基金运作模式，创新主要体现为政府并不直接参与基金运作过程，而是通过商业银行等管理机构进行直接监督和管理，政府的主要任务是将融资和投资紧密结合起来。这是当今时代金融创新的重要体现，同时使产业引导基金的功能逐步得到发挥，具体表现在以下四个方面。

（一）政府筹集资金的有效渠道

产业引导基金模式的构建与运行不仅可以让社会闲散资金得到有效整合，对企业发展起到强有力的推动作用，还可以有效解决企业发展中的资金难问题。在该模式的运行过程中，企业筹措资金的途径得到有效补充，其补充的过程也与以往不同，既确保了企业与所在地政府之间形成良性的合作关系，又通过政府的全面资金引导实现了社会资金的高效

使用。这不仅极大地缓解了政府在企业资金投入方面的压力，更减轻了其在产业转型升级方面的财政负担，从而确保行业的高质量发展。

（二）体现产业政策导向性

在社会主义市场经济体制下，虽然市场本身对资源配置起着基础性作用，但是在一些公共经济和基础经济领域，市场本身所发挥的作用并不明显，具体表现如下：

当今时代，中国经济与社会正在迈向高质量发展阶段，市场在资源分配方面通常起调节作用，而推动作用并没有得到充分发挥。这就需要政府全面制定有关政策和制度，对产业发展进行政策层面的干预，以便既为产业发展指明方向，又通过对资源的合理配置推动市场的整体发展。产业引导基金模式的出现就是政府有效地对产业进行投融资的新途径，政府赋予资金新的"名义"，同时会注入一部分资金，之后再通过其社会信用吸引社会大量闲散资金，并将其引导至具有战略意义的产业，尤其是新兴行业，进而达到加快产业发展的最终目的。

在实践中，政府要结合产业发展的现状以及空间，计算投资的可行性和稳健性，同时通过合理的投资方法和比率，将资金投入自己高度支持的领域。这不仅让所辖企业能够得到很大的发展动力，也为国家创新发展能力的全面提升提供了直接的推动力。与此同时，产业结构转型、升级、调整等局面也会相继出现。

（三）遵循"市场化运作"原则

在产业引导基金运行的过程中，企业能够做到独立出资并将社会资本进行有效整合，让政府和社会资本持有者共同享有资产所有权。其中，政府不会对其运行过程进行直接监督和管理，而是将该项工作委托给有关基金管理机构，从而有效避免直接干预，保证投资具有较高的专业性和独立性；同时改变只由政府对企业进行投资，导致社会闲散资金未能得到高效使用的状况，为地区产业结构转型升级提供较为理想的资金保障。此外，资金监管主要由具有商业性质的银行来完成，以在确保产业引导基金运作全过程高度安全的同时，还能对运行全过程进行监督，产业引导基金在运行过程中出现异常时有权不执行管理人的命令，从而确保产业引导基金运行达到高度的市场化与规范化。

（四）非营利性得到充分体现

当前产业引导基金运行的整体情况，充分诠释了该模式以政策性为主要目的，并非以盈利为主要目的。在运行期间，其能够对风险因素进行全面衡量，政府在进行利益分配和制定退出机制的过程中，也始终秉承让市场保持利益最大化的原则。另外，产业引导基金投资成果的评价也将"非营利性"作为一项重要指标，通过综合考量的方式，对产业引导基金投资的社会综合效益以及政策执行的长远效力进行客观衡量，从而不断优化其运行过程。在该过程中，产业引导基金往往会选择具有长效性且资金投入总量较大的项目，或者正在进行转型升级的地方产业进行参股投资，并且对项目运行的可行性与稳健性进行深度考察，做出客观性的评估。这显然与以往社会商业化基金普遍投资短期逐利的项目、普遍采用滚动投资的模式存在本质不同。

四、产业引导基金市场规模可观

从产业引导基金模式构建及运行定位角度出发，其可以作为全力优化产业结构并为市场经济发展注入更多新鲜活力的一种手段。该模式在初步运行过程中在全国范围内产生了显著的成果，这能从官方数据中得到体现。截至 2020 年 6 月底，在全国范围内已经建立超过 1300 只产业引导基金，并且基金规模已经超过 2 万亿元人民币。截至 2020 年 6 月底我国各地区产业引导基金的分布数量及规模见表 1-5。

表1-5　截至2020年6月底我国各地区产业引导基金的分布数量及规模

地区	引导基金数量（只）	引导基金规模(亿元人民币)	数据来源
东北地区	54	434	
西北地区	63	840	
西南地区	111	1773	
华中地区	130	2231	CVSource 投中数据
华南地区	189	3752	
华北地区	215	5066	
华东地区	587	7358	
合计	1349	21452	

　　从表1-5所显示的数据中不难发现，截至2020年6月底，中国产业引导基金模式运行的整体效果较为理想。其中，华南地区产业引导基金的总体规模已经达到3000亿元人民币以上，数量达189只，其规模和数量都排在全国前三位。华北地区产业引导基金模式的运作也得到了积极开展，政府资金投入和社会闲散资金的聚合度更是达到空前水平，引导基金的规模已经突破5000亿元人民币，数量达215只，不仅为该地区产业结构优化调整提供了强有力的资金保障，更为该地区经济与社会发展注入了新鲜活力。产业引导基金模式运行效果最好的地区无疑是处于华东地区的各省市，经过政府的不懈努力，现已经有587只产业引导基金成立，规模更是超过7000亿元人民币，无论是在规模上，还是在数量上都位居全国第一。这些数据充分说明产业引导基金模式初步运行的成果显著。

第二章 产业引导基金模式产生的理论基础

本章，笔者将产业引导基金模式的构建与运行的理论基础作为基本内容，对其进行系统性研究与分析，为地方产业引导基金模式的构建和对新兴行业从中受益的探索提供理论依据。

第一节　市场失灵理论

市场失灵理论作为有效调节市场发展环境的重要理论，对市场经济发展具有重要的指导作用。因此，产业引导基金在构建与运行过程中始终要将该理论作为基础。

一、市场失灵理论概述

在竞争激烈的市场中会出现较为理想的资源配置方式，然而在现实经济发展的环境中，高度竞争的市场通常在假设的情况下存在。由于理论假设需要有极为苛刻的前提条件作为支撑，在现实市场经济发展环境中通常不会出现高度竞争的市场。受垄断、外部性、信息不对称以及公共物品领域单纯依靠价格机制进行资源配置等因素的影响，最优无法实现，这就导致市场处于失灵状态。

从传统、狭义的层面进行分析，市场失灵理论的研究观点主要体现为"垄断""公共物品""外部性""信息不对称"等因素导致市场资源配置难以达到理想化。当市场处于失灵状态时，想要实现资源配置的合理化就必须有政府的干预作为保障，这意味着政府干预是调控市场经济发展的重要手段。从广义的层面进行分析，市场失灵理论中又以传统、狭义的市场失灵理论研究为基础，提出"市场不能有效解决或化解社会公平发展和经济平稳运行之时，需要政府通过某种手段或措施进行干预"这一观点，这让政府的调控边界得到进一步扩大。综合以上传统、狭义层面和广义层面对市场失灵理论的概述，可以得出以下结论：政府干预市场经济发展的领域越大，则政府在市场经济发展中的作用越大，这就需要政府在干预过程中全面提升行为的规范性，以使政府管理效率得到有力保证。

二、市场失灵理论模型

传统的思想市场理论中存在着不尽如人意的研究观点，进而在学术界形成了诸多关于市场失灵理论的模型。学术界之所以认为传统思想市场理论研究观点不尽如人意，是因为其思想传播的途径过于集中，并且存在较为突出的市场垄断现象，一般人群的参与难度往往较大，从而导致公众的需求并不能得到充分满足。这就使得思想市场理论推动思想市场应有功能的发挥需要有政府的参与，并采取相应的干预措施，进而让思想市场的功能可以得到不断优化。但是，在学术界还存在着另一种声音，即政府与市场存在着一定的独立性和自主性。这一理论研究观点显然关乎市场运作的每一个领域，因为在市场发展环境中始终存在不同的思想，它们彼此之间也会保持相互交流，其中的公众传播媒介则是重要的途径，致力于打造一种政府与市场之间相互独立而又自主的空间。这样所形成的市场运行方案往往会让市场更加公共化，让各方利益最大化有实现的空间与可能。市场失灵理论模型如图2-1所示。

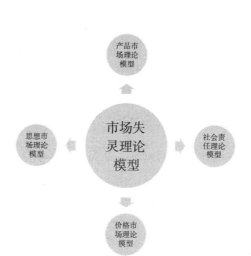

图 2-1　市场失灵理论模型

在市场失灵理论研究中，学术界现有的理论模型主要包括四种，其产生的原因也比较明确，对其进行深入解读会为产业引导基金模式构建与运行提供重要的帮助。下面笔者就针对图 2-1 中所呈现的四种模型进行论述。

在传统意义的市场理论中，政府的角色在于不干预市场，该观点源于达尔文的进化论。这一观点必须在固有的前提下才能实现，即自由竞争。美国国家法律和政策中心法学教授杰罗姆·巴伦在《美国宪法概论》一书中明确指出："具有自我纠偏能力的'思想市场'往往是对观念传播过程和交流过程浪漫而又不切实际的描述。"①他本人还认为在思想传播和交流过程中往往会存在力量失衡现象，而这种现象往往与经济发展中的力量不均衡现象类似，承认后者而否定前者的思想往往会被认为是堂吉诃德式的狂想。思想市场的前提是，保障表达的权利等于提供表达的权利，而在现代传媒领域的发展中，这一前提显然已经被破坏，二者之间

---

① 巴伦,迪恩斯.美国宪法概论 [M].刘瑞祥，潘嘉玢，颜福祥，等，译.北京：中国
　社会科学出版社，1995：186.

并不能维持平衡。但从现实的角度出发，如果要求人们必须承认自由表达的权利只有通过大众传媒行业的管理者予以通融才能将其转化为现实，那么显然可以证明思想市场过于脆弱。所以，杰罗姆·巴伦所坚持的观点更加偏向于使用媒介权。而这一观点可以作为对"市场"动作的一种检讨，更有助于让人们对当前"思想市场"理论所存在的空白进行反思，并加以弥补和修正。

英国近代经济学家阿尔弗雷德·马歇尔（Alfred Marshall）对传统自由市场经济理论进行了深入研究，他明确指出："只有以市场作为资源配置的基本工具进行各种经济活动，才能使整个经济取得最高效率。"①这意味着无论是在产品市场方面，还是在生产要素市场方面，市场价格都能客观反映出商品本身是否稀缺和稀缺的具体程度，以及其在当前与未来所具有的价值，这样市场就在无形中对生产、投资、消费起到了客观的引导作用，最终实现经济资源的科学配置。

政府的任何一种干预行为都会造成市场价格信号的扭曲，导致社会资源难以得到科学配置。英国经济学家弗里德利希·奥古斯特·冯·哈耶克（Friedrich August von Hayck）就曾经极力反对各种形式的政府干预，并且将政府向市场提供的福利政策也包括在内。他认为任何一种政府干预都会导致市场的运行过程变成一条"奴役之路"②。他在"私人领域"方面也提出了具有代表性的观点，认为"私人领域"就是可以完全不受限制做任何事情的领域。在《自由秩序原理》一书中，他更是写道："自由预设了个人具有某种确获保障的私域，亦预设了他的生活环境中存有

---

① 肖特.自由市场经济学：一个批判性的考察[M].2 版.叶柱政，莫远君，译.北京：中国人民大学出版社，2013：168.

② 何信全.哈耶克自由理论研究[M].北京：北京大学出版社，2004：142-143.

一组情境是他人所不能干涉的。"①

结合以上观点，不难发现市场失灵理论是以新自由主义理念为基础的，其中托马斯·希尔·格林（Thomas Hill Green）、约翰·霍布森（John Hobson）、里奥纳德·特里劳尼·霍布豪斯（Leonard Trelawney Hobhouse）、约翰·梅纳德·凯恩斯（John Maynard Keynes）等人所提出的观点极具代表性。他们认为经济的放任主义显然不适合当今时代经济发展的大趋势，主张政府在市场经济发展中的有效干预，强调有效进行生产者之间的合作和社会经济发展大环境的改良，并且不断改善为生产者提供的福利待遇。②美国经济学家加里·斯坦利·贝克尔（Gary Stanley Becker）针对市场失灵理论模型进行了深入的研究与分析，并且明确指出该理论主要包括四种主张：一是不限制任何人表达自由，二是观点可以充分表达但不需要平等地进入思想市场，三是观点可以平等地进入思想市场，四是每个人提出的观点都可以在平等状态下进入思想市场。③

美国经济学教授罗纳德·哈里·科斯（Ronald H.Coase）对思想市场理论进行了深入剖析，并提出了具有代表性的观点，即在美国经济第一修正案中，一些条文主要是对从事生产劳动的自由进行保护，明确表达出对禁止政府管制"思想市场"这一观点的质疑。④他认为在市场发展过程中，知识分子普遍过于褒思想市场而贬商品市场，这种态度显然存在一定的偏激性，思想市场是知识分子经营所在行业的市场，其态度过

① 哈耶克.自由秩序原理[M].邓正来，译.北京：生活·读书·新知三联书店，1997：12.

② Branford V .The Sociological Work of Leonard Hobhouse[J].Sociological Review, 1929, a21（4）：273-280.

③ 刘海云.药品政府管制有效性研究——美国经验及借鉴[D].保定：河北大学，2009.

④ 熊德章，双海军.重新解读《企业的性质》[J].现代管理科学，2012(10)：112-114.

于自负会夸大自己所在市场的重要性。

另外，罗纳德·哈里·科斯所坚持的"不相信商品市场与思想市场的区分"这一观点有着较为充分的依据。他认为商品市场与思想市场之间并不存在根本性的区别，在相关公共政策的制定过程中要充分考虑到这一点。其原因在于思想市场也是市场经济的重要组成部分，所以政府在思想市场发展中也应持有管理权。综合罗纳德·哈里·科斯所持有的观点，可以看出他所认为的思想市场就是知识分子在商品市场范围之内所从事的具体行业，产品和原材料则是思想市场最为直观的商品形态。思想市场作为商品市场的一种，与商品市场没有本质的区别，所以在公共政策的制定过程中，任何一种市场都不应存在特权，思想市场也不例外。

按照罗纳德·哈里·科斯所持有的观点，思想也可以作为一种可大量生产的产品，所以思想市场在传播与交流的过程中显然也要遵循市场发展的固有规律。这一观点可以为思想市场为什么会存在竞争性、为什么在思想市场发展过程中要针对自由程度进行政府层面的管制提供直接、有力的解释。在市场发展的大环境中，如果有两种或两种以上思想的存在就会产生竞争关系，而相互竞争的过程会产生成本，这种竞争过程所产生的思想交换成本往往明显高于思想本身所带来的收益，甚至会对社会发展造成一定的危害。在这种情况下，市场自身并没有任何能力改变已经存在的事实。针对这样的无效市场行为，政府只有通过发挥经济职能的方式才能有效改变，由此确保经济和社会发展的持续性。

市场失灵理论为政府合法干预思想市场奠定了坚实的理论基础，为证实这一理论，很多学者提出了不一样的观点，如美国经济学家加里·斯坦利·贝克尔就提出了明确的疑问，认为该理论的有效性尚不能得到全面保证，其原因在于有效矫正市场失灵现象必须有一套明确的标准，通过该标准来指导政府进行有效干预，一旦规定将充分的接近权作为目标，那么"充分性"本身所对应的标准就会严重影响政府干预的合法性。这一观点产生的原因非常简单，就是政府针对接近权是否充分这方面做出决策的同时，也可以说明政府已经对市场中存在的现象有了明确的判断。更直白地讲，就是政府可以判断思想市场发展现状的真伪，如果政府的干预政策涉及不受欢迎的观点，并且保障程度明显高于市场范围内受欢迎的观点，同时允许政府来决定接近的充分程度就会导致干预措施本末倒置，这样的观点和做法显然与"自由"的本质不相符。奥地利经济学家米塞斯、英国经济学家哈耶克也持有这样的观点。

通过以上观点的阐述可以看出"市场失灵理论"与"社会责任理论"之间存在较为明显的联系。美国新闻自由委员会在 1947 年所发表的《一个自由而负责的新闻界》中就已经明确指出新闻行业正处在上述环境中。具体理由主要包括三个方面：一是报刊在一般人群中有着非常重要的作用，报刊的与时俱进为人们提供了更多表达自己意见的途径。二是媒体传播主要掌握在一部分人手中，还不能满足当今时代人们对媒体的需要，媒体行业为公众提供的服务还十分有限。三是报刊的日常操作行为正在被社会非议，极有可能会被政府部门严格管控。基于此，思想市场的发展必须让消费者能够正视自身主权的市场理念，确保经营者、管理者、消费者之间有知情权和利用大众传播媒介的权利，同时要享有在某种特定环境下的反论权。上述权利在美国 1969 年 Red Lion Broadcast Co. v. FCC 案件中已经确立，该法案明确指出维护和传播言论自由是全体国民的基本权利，试听人群是市场发展的核心，而不是掌控传播媒介的企业。另外，有效维护传播媒体应作为思想市场运行与发展的重要组成部分，而传播媒体要具有独立性、自主性、多元性。这一理论在伦理道德层面对思想市场理论进行了说明，与市场失灵理论之间存在明显不同，能够将媒体在发展过程中所遭遇的各种危机有效化解。

第二节　公共财政理论

公共财产理论的实质是政府财政理论，强调政府在市场经济中的调节作用，而产业引导基金的构建与运行恰恰需要政府财政出资，并为之提供相应的政策性引导。因此，该理论可以作为产业引导基金构建与运行的重要理论基础，也是新兴行业从中获益的重要理论依据。本节笔者就针对该理论进行明确论述。

一、公共财政理论概述

所谓"公共财政"，其实质就是市场经济大环境下的政府财政，而从经济实质角度讲，就是市场经济财政。在市场经济发展过程中，通过公共财政理论和公共财政学的应用逐渐形成了市场财政学，其又被学术界广泛称为市场财政科学。它的主要内容包括两个方面：一是在市场失灵状态下，必须依靠外部力量进行弥补，进而让公共产品所存在的空白得到补充，这一重要的外部力量就是政府力量。二是政府能够提供的公共产品主要在公共服务领域，为了不超过这一领域的界限，政府要对公共产品所涉猎的范围予以明确的划分，但划分这一界限的主体显然不能由政府来担任，而是需要国家立法部门来担任。

因此，公共财政理论的实质并不是以"市场失灵"这一经济逻辑为起因，而是以"预算法治"和"民主财政"为起因。具体而言，就是在市场经济发展的大背景下，法治性和民主性是公共财政有效运行的关键条件，但这会导致人们对公共财政和公共利益中"公共性"的理解和认知出现偏差。

二、公共财政理论模型

通过以上对公共财政理论内容的概述不难发现，公共财政理论的实质就是在市场经济背景下的政府财政，强调政府在经济发展中的财政主导作用。随着该理论的提出，众多经济学领域专家也提出了相关理论模型，如图2-2所示。

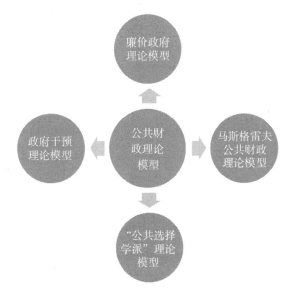

图2-2 公共财政理论模型

在公共财政理论研究中，学术界经过不断探索，提出了四种具有代表性的理论模型。这四种理论模型为公共财政理论在市场经济发展过程中的有效应用奠定了基础。

（一）亚当·斯密的廉价政府理论模型

英国经济学家亚当·斯密（Adam Smith）在1776年出版的《国民财富的性质和原因的研究》是西方其他相关经济学理论著作的基础。恩格斯就曾经明确指出："亚当·斯密在1776年发表了自己关于国家财富的本质和成因的著作，从而创立了财政学。"亚当·斯密对市场经济发展过程中政府的作用和动机明确提出疑问。他认为，"自私的动机""私有的企业""竞争的市场"是市场经济发展的三个基本要素①，而在这三个要素的共同作用下，国家在市场经济发展过程中要肩负三个主要任务，即提高分工程度、增加资本数量、改善资本用途。

通过以上观点的论述，可以总结出亚当·斯密认为在市场经济运行过程中，有一双无形的手正在操控着市场经济的发展，这样就导致人们在从事各项经济活动的过程中，始终为了获得最大的社会收益而努力。既然市场在推动市场经济发展过程中有着如此大的作用，那么对此采取任何干预措施显然都不可取，只有不断增加人们的财富才是社会发展的重要标志，也是确保经济实现全面自由的重要手段。基于此，在政府所要履行的义务方面应该进行三个方面的限制：一是要对社会提供全方位的保护，避免一切危害社会的行为出现；二是要全面保护社会中的个体，确保个体的合法权益始终不受任何侵害；三是要全面确保公共事业及一切相关设施的建设，为社会全面发展提供强有力的资源保障。在这里，对政府的角色有着形象的比喻，即"守夜人"，其既要确保外部因素的侵入，又要保持社会内部环境的理想化和稳定性。由此，亚当·斯密在税收方面提出了"公平""确定""简单快捷""征收费用最小化"四个原则，在社会支出方面也提出"厉行节约"和"量入为出"两项原则，进而形成了"廉价政府"这一理论观点，这也成为政府财政不懈追求的终极目标。

（二）凯恩斯的政府干预理论模型

在 20 世纪 30 年代，世界范围内的经济危机直接导致西方经济学领域的颠覆性改变，亚当·斯密自由市场经营论在学术研究领域已不再占有统治地位，凯恩斯的经济干预主义成为其替代者，财政学也在这一时

---

① 宛樵，吴宇晖．亚当·斯密与《国富论》[M].长春：吉林大学出版社，1986.

代背景下在资产阶级经济体系中占据重要的地位。凯恩斯经济干预主义思想虽然认为自由市场作为有效的机制，能够让人们在自由发展的过程中充分展现出创造性，但也认为自由市场本身存在一定的缺陷，只有让政府的干预范围不断扩大才能有效弥补其缺陷，进而让市场经济保持正常运转。

所以，凯恩斯经济干预主义思想明确指出，政府如果不能加以有效的干预，那么就等同于允许有效需求不足这一局面的长期存在，也等同于允许社会失业和经济危机局面的长期持续。凯恩斯认为政府财政的有效支出能够让社会需求得到直接的满足，可以有针对性地为自由市场需求提供有效的支持条件。凯恩斯更是对政府财政赤字的经济合理性进行了首次论证，而这也对"量入为出"这一古典原则产生了"质"的冲击。针对政府财政支出，凯恩斯在原有卡恩"乘数理论"的基础上进行了政府投资的论证，证明了政府投资本身具有倍数扩张的作用，能够对迫切的社会总需求起到有效的缓解作用，进而主张政府在社会经济发展中要充分履行直接投资的责任和义务。因此，凯恩斯所提出的理论思想往往被经济学界认为是财政学派的代表性思想，而这一思想更是被沿用到了20世纪70年代。

（三）以布坎南为首的"公共选择学派"理论模型

早在20世纪70年代，西方国家就已经出现了公共财政"滞胀"的局面，美国著名经济学家米尔顿·弗里德曼（Milton Friedman）提出了与凯恩斯背道而驰的经济学理论，进而形成了供给学派、货币主义学派、理性预期学派①。然而，这些具有代表性的西方经济学派并没有建立一套与凯恩斯经济干预主义相抗衡的理论学说，其最终目的是恢复古典学派。

---

① 摩根.货币学派与凯恩斯学派——它们对货币理论的贡献[M].薛蕃康，译.北京：商务印书馆，1984：25-26.

其主要观点是国家对社会经济活动采取大规模干预措施是市场经济活力逐渐下降的主要原因，也是 20 世纪 70 年代出现公共财政"滞胀"局面的直接原因。

从经济学领域学者所提出的政策主张来看，"财政最重要"的政策主张受到了"货币最重要"的政策主张的冲击。当人们还在根据凯恩斯所提出的理论观点不断提出自己的想法时，以詹姆斯·麦吉尔·布坎南（James Mcgill Buchanan）和戈登·图洛克（Gordon Tullock）为代表的经济学领域专家已经在研究过程中取得了又一重大突破，理论研究的视角又一次得到了拓宽。他们将财政视为公共部门经济[①]，并且立足市场失灵理论，将研究的重点放在社会公共需要以及满足这些需要的产品上，即公共物品问题。研究的内容主要在于决定公共物品分配过程和公共物品生产的"机器"，即国家的相关组织和机构。

詹姆斯·麦吉尔·布坎南和戈登·图洛克的理论明确指出，自由市场制度的形成和有效运行必须有等价交换这一基础性原则作为支撑，只有具备排斥性质和可交换价值的私人产品才能在自由市场中进行交易。然而公共产品或公共财产并不具备这一性质，导致其通常不能形成交换行为，消费者与供给者之间所存在的联系也会因此中断。在这种状态下，市场需求虽依然存在，但却并不存在有效的市场供给关系，此时政府部门的有效介入使公共财产或公共产品具备可交换的价值，这样可以有效弥补自由市场本身所存在的局限性。与此同时，公共财产或公共产品本身还有两个重要特性，它们会使公共产品在政府介入之后出现不断膨胀的趋势，具体如下：

第一个特性为公共产品需求的收入弹性都会大于 1。恩格尔系数给

---

① 董少林.公共选择理论视角下的地方政府利益研究[M].合肥：中国科学技术大学出版社，2015：45-46.

人们最为直接的启示就是家庭收入的不断增加直接反映出人们用于满足"生理需求"的开支会越来越小，而用于满足"精神需要"的开支会越来越大[①]。也就是说，让个体的收入维持在一定水平，看似非必要的物品的重要性就会越来越高，人们就越需要政府部门为之提供更多的服务，医疗、保健、文体、社会保险、公共安全等领域的公共产品就会成为民众消费结构的重要组成部分。正是这些公共产品需求程度的不断提升，才使其成为公共开支不断增长的主要动力。

第二个特性是公共资本存量与私人资本存量之间往往存在较为紧密的函数关系。1945 年之后，西方国家每一次公共基础设施的投资，无论是在膨胀还是在收紧的状态下都会直接导致私人投资趋势发生微妙波动，而这显然会对宏观经济的正常运行产生很大的影响。美国经济学领域教授阿斯乔（Aschauer.D.A.）在研究过程中就明确指出，在 1950—1970 年，全世界的公共投资总量始终处于上升状态，而在之后的十几年中则处于逐渐下滑的状态。[②] 他还明确指出，公路、机场、街道、给排水等设施作为国家投资与私人投资之间存在着明显的互补关系，如果前者不注重数量和质量，则会严重制约市场经济的整体运行。另外，在他的研究成果中还有一项结论需要予以高度关注，即美国在 1945—1965 年，社会经济之所以能够保持 10% 以上的增长速度，最为直接的原因就是美国政府加大了对公共基础设施的投资力度，而在 1965 年之后的 20 年中，其经济增长速度处于逐年下滑的状态，其关键原因就是公共设施建设的投资几乎停滞，这给中国全面深化财政支出改革带来一定的启示。

然而，马克思（Karl Heinrich Marx）很早就已经预料到用于满足"公

---

① 穆怀中.国民财富与社会保障收入再分配 [M].北京：中国劳动社会保障出版社，2003：18-19.

② 金立群.公共投资后评价：机制、政策和方法 [M].北京：中国财政经济出版社，1995：23-24.

共需求"部分的"扣除"会随着时间的推移逐渐膨胀起来。①"扣除"的部分主要由三部分构成：一是与生产劳动没有任何关系的管理费用；二是用于满足共同需要的部分，包括学校、医疗设施、道路交通设施等；三是为丧失劳动能力的群体所设立的基金。马克思明确预言用于满足公共需求的那部分扣除会明显增加，甚至会随着社会发展步伐的不断加快而大幅度增加。时至今日，社会发展速度前所未有，政府在公共支出方面的膨胀程度更是达到空前状态，而该局面的形成充分证实了马克思的上述预言，在未来的社会发展过程中会得到更为深刻的印证。我国已经全面开启新时代中国特色社会主义建设之路，构建新时代中国特色社会主义市场经济体制已经成为一项重要任务，公共财政的基本框架要有更为坚实的理论基础作为支撑，而上述理论观点是有力的理论依据。

（四）理查德·阿贝尔·马斯格雷夫的公共财政理论模型

美国财政学家理查德·阿贝尔·马斯格雷夫（Richard Abel Musgrave）在其所创作的经典著作《公共财政理论》中明确指出，政府在市场经济发展中起到的作用和发挥的职能主要有三种：一是稳定经济发展大环境，二是有效进行收入分配，三是进行资源再配置。②

稳定经济发展大环境主要包括充分就业、物价平稳、国际收支平衡三重含义。其中，充分就业就是就业人口总数和就业率能够与国家所处社会经济发展阶段相吻合，并且数值能够保持最大。物价平稳是指在物价上浮的情况下不会影响市场经济的正常运行，始终保持在市场经济发展的可调控范围之内，这显然不是指物价冻结和物价上涨率为零。在市场经济正常运行的过程中，物价小幅上涨是正常现象，也是全社会必须接受的一个基本事实。国际收支平衡是指在国际经济运行过程中，能够

---

① 冯文光.马克思的需要理论[M].哈尔滨：黑龙江人民出版社，1986：33-34.
② 龚六堂.公共财政理论：Public Finance[M].北京：北京大学出版社，2009：122-123.

保持经常性的项目收支大体平衡，因为国际收支与国内收支之间的关系极为密切，前者的平衡性直接关乎后者。

基于以上论述，政府财政有效保持经济稳定发展的机制和手段主要包括四方面：第一，将社会总供给与社会总供需的大体平衡作为保证经济稳定发展的总目标。政府所出台的有关财政政策主要是以维持供求关系的大体平衡为主要目的，如果总体需求程度大于总体供给程度，那么政府所出台的财政政策就会体现出紧缩性特征，进而使支出逐渐减少、税收逐渐增加。相反，政府所出台的相关财政政策会体现出放松性特征，以此来增加财政支出、减少税收，进而扩大社会总体需求。第二，政府通常会通过某一制度安排，让社会经济在一定程度上实现"自动"稳定。例如，财政部门所采用的累进税制度和失业救济金制度等都是为发挥该作用而制定的。第三，财政部门往往通过投资、补贴、税收等方面的措施全面加快农业、能源、交通运输等基础设施的建设与发展，从而确保社会经济的稳定发展。第四，财政部门会将满足非生产性的社会公共需求作为一项基本任务，进而促进经济发展和社会发展的和谐稳定。

收入分配的最终目的就是实现分配过程和结果的公平，而这种公平分配通常会体现在经济层面的公平和社会层面的公平上。就分配的过程而言，其是市场经济全面高质量发展的基本要求，要素投入和要素收入始终保持对称无疑是原则所在，而在市场经济的实际运行过程中，通常要在平等竞争的条件之下通过等价交换的过程才能将其转化为现实。就分配的结果而言，主要是将收入差距始终维持在广大群众能够接受的范围之内。政府财政部门为确保收入分配职能充分发挥所建立的机制和采取的手段主要包括四方面：第一，明确市场分配和财政分配之间的界限和范围，对于原则上属于市场分配的领域，财政部门不能跨越界限；而对于原则上属于财政分配的领域，财政部门要充分发挥公平分配的职能。第二，规范工资制度，确保政府财政工资分配的公平性。第三，有效加强税收调节作用，力求使税收成为保持财政收支平衡的重要砝码。第四，积极增加转移性支出，让社会个体能够获得基本的生活保障和福利，如增加社会保障支出、社会救济支出、社会补贴和经济补贴等。

资源再配置可以分为广义和狭义两个层面：前者主要是指对社会总商品的配置，后者主要是指对生产要素的配置。政府财政部门为确保资源配置的合理性通常采用的机制和手段主要包括三方面：第一，立足政府自身的职能确定社会公共需求的主体范围，明确财政收支占 GDP 的比例，并分析其合理性，进而制定出符合资源高质量和高效率配置原则的政策。第二，不断对财政支出的结构进行调整，以确保财政支出结构的合理化，如生产性支出和非生产性支出比例的合理划分、购买性支出和转移性支出的科学划分等。第三，在政府投资的规模与结构方面做出合理性的安排，让政府在社会总体投资方面能够发挥出更为有效的调节作用，进而确保社会投资效率的大幅提升。

第三节　委托—代理理论

从产业引导基金模式运行的基本流程来看，委托代理机构是全面开展基金管理工作、确保各项流程顺利运行的关键。所以，产业引导基金模式在构建、运行、发展的过程中必须遵循委托—代理理论的核心思想。本节就针对该理论进行系统性论述，以确保产业引导基金模式的构建过程，以及新兴行业从中受益的过程能够拥有强大的理论支撑。

一、委托—代理理论概述

20世纪30年代，美国经济学家伯利（Adolf A.Berle）和米恩斯（Gardiner C.Means）针对企业所有者和经营者在促进企业发展中的做法进行了全面调查，并最终得出其做法普遍存在弊大于利的现象，进而提出了"委托—代理理论"[1]。该理论倡导企业在经营与发展过程中将所有权和经营权分离，企业在经营与发展中只享有剩余利益的索取权，而经营权则要转交于其他代理机构。由此，该理论逐渐成为当今时代企业全面开展治理工作的逻辑起点，为企业实现利益最大化提供了重要的理论依据。

二、委托—代理理论模型

近 20 年，学术界关于委托—代理理论的研究不断深入，该理论模型化的方法的发展步伐也在不断加快。目前，委托—代理理论模型化的方法主要包括三种，如图 2-3 所示。

一是威尔逊（Robert Wilson）、斯宾塞（Michael Spence）、泽克豪森（Richard Zeckhauser）、罗斯（Stephen A. Ross）在时间序列预测过程中所使用的"状态空间模型化方法"[2]。该模型化方法的应用可以将每一种技术关系充分表现出来，可是依然存在一种不可避免的弊端，即人们无法获得经济层面有信息的解。二是由莫里斯（James Mirrlees）最开始使用并由霍姆斯特姆（Bengt Holmstrom）进一步深化的"分布函数的参数化方法"[3]。这种模型化方法通常被视为标准化方法，能够客观表现出收益的分布情况。三是"一般分布方法"。该模型化方法存在较强的抽象性，不能对代理人的行动以及发生的成本进行清晰的阐释，但可以让人们获得一种简单的一般化模型。

① 伯利，米恩斯.现代公司与私有财产 [M].甘华鸣，罗锐韧，蔡如海，译.北京：商务印书馆，2005：23-24.

② 张维迎.博弈论与信息经济学 [M].上海：上海人民出版社，2012：239-241.

③ 张维迎.博弈论与信息经济学 [M].上海：上海人民出版社，1996：28-29.

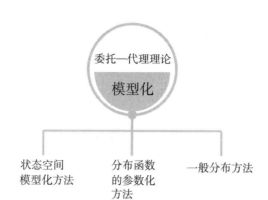

图 2-3 委托—代理理论模型化的方法

　　在信息对称的条件下，代理人的行为通常可以被直观觉察到，委托人可以结合代理人的行为观测结果对其进行具体的奖惩，在这一过程中帕累托最优风险分摊和帕累托最优努力水平都能够转化为现实。而在信息非对称的条件下，代理人的行为并不能被直观觉察到，只能根据观测变量来判断代理人的行为，而这些变量显然会随着行为的动机以及随机因素的产生而发生变化。所以，在企业管理过程中，委托人不能通过"强制合同"让代理人满足自己所提出的行为要求，而合理的激励与约束往往会产生较为理想的效果。这也意味着委托人在企业管理过程中通过使用具有激励和约束作用的"激励合同"往往可以让代理人的行为达到预期设想，企业发展的效果也会更加趋于理想化。

　　还有一点需要着重强调，即在信息非对称的情况下，最优风险分摊原则应该尽可能满足莫里斯—霍姆斯特姆条件，这一观点是由二人在探索"分布函数的参数化方法"时提出的，而且霍姆斯特姆对其做出了进一步的解释，明确指出在信息非对称的情况下最优合同与信息对称存在明显差异。其原因在于代理人的收入往往由似然率决定，似然率可以反映代理人日常工作状态，也可以反映出其工作状态较差时特定可观测变量发生概率与工作勤奋时特定可观测变量发生概率的比率，进而使委托人了解特定可观测变量中有哪些是由工作状态不佳导致的。其中，代理人收入的似然率较高说明代理人的收入很大程度上是由工作状态不佳导致的，似然率较低则说明代理人的收入很大程度上是自身努力的成果，这也充分说明收入分配过程中似然率具有一定的单调性。

基于此，委托人在使用上述模型化方法对代理人进行管理时，必须确保代理人收入的似然率具有单调性，这也是统计学领域具有代表性的概念，即单调似然率。这一概念是由美国经济学家、2020 年诺贝尔经济学奖获得者保罗·米尔格罗姆（Paul R.Milgrom）在 1981 年提出的。[①]莫里斯和霍姆斯特姆通过引入"一阶条件方法"证明了代理人的行为是一维连续变量，并且认为在信息非对称情况下的最优合同与非连续变量存在高度的相似性。

由于在使用"一阶条件方法"的过程中不能确保最优解的唯一性，格鲁斯曼（Barrow Grossman）、哈特（Oliver Hart）与罗杰森（Richard Rogerson）共同推导出能够保证该方法有效的条件，即分布函数满足 MLRP 和凸性条件。[②]

第四节　外部性理论、政府失灵理论与信息不对称理论

当今市场经济由于外部影响因素众多，政府失灵和信息不对称现象频繁出现，这些因素不利于市场经济健康平稳地发展，产业引导基金模式的构建和运行也会受到严重影响。对此，在研究地方产业引导基金构

---

① 蒋珊珊.满足 Mirrlees-Rogerson 充分条件的两类分布函数 [D].上海：复旦大学，2008.

② 格罗斯曼,赫尔普曼.全球经济中的创新与增长 [M].何帆,牛勇平,唐迪,译.北京：中国人民大学出版社，2009：122-123.

建的路径以及新兴行业从中受益的过程中，需要对外部性理论、政府失灵理论、信息不对称理论进行研究，这也是本节所要阐述的主要内容。

一、外部性理论概述

外部性[①]又叫作外部成本、外部效应或者溢出效应。简而言之，外部性就是一方的行为对其他方产生的非市场化的正面或者负面的影响，正面影响称为正外部性，负面影响则称为负外部性。因外部性的存在，市场在资源配置中不能做到最优，存在缺陷和弊端，这就是经济学中所说的市场失灵。外部性是市场失灵的表现之一。

产业基金受产业外部性影响的主要表现有两方面：一是市场化的投资者在选择投资项目时最重要的考量因素是投资带来的收益率，因而其投资行为具有短期性，既急于投入又急于退出，还要求高回报。这就导致投资者将大量资金集中投入相对熟悉或者短期利润可观的行业领域，而那些投资周期长、回报低，但关系国家稳定和产业发展的战略性新兴产业、重点民生工程、关键行业领域等则很少有投资者愿意投资或持观望态度。二是能源、土地、大宗商品等关系国家稳定的战略性基础生产要素也具备投资品属性[②]，易受国际资本市场影响。如受霸权国家政治干预、垄断资本操控等负外部性影响时，单纯依靠市场自我调节会使相关领域产生较为严重的资产泡沫，影响本国市场和社会稳定，危及国家安全。这就催生了以国家和政府为发起人或者主导者的产业引导基金，以营造公平、合理、有利的外部环境来修正或者避免这些问题，优化国家和地方产业结构，促进经济社会稳定。

---

① 张宗益，李森圣.高技术产业集聚外部性特征的动态性和差异性研究——基于时变参数估计的分析 [J].产业经济研究，2014（3）：22-31.

② 史正富."新型市场失灵"与国家经济职能——史正富教授在复旦大学的演讲 [N].解放日报，2015-04-04（5）.

二、政府失灵理论概述

市场化是产业基金发展的必然趋势，也是产业基金成功运作的必然选择。无论是负外部性影响还是信息不对称问题引起的市场失灵问题都需要政府干预进行修正。但是国内外学者从理论层面提出，政府的干预并非越多越好，干预不足或者干预过度都会引起政府失灵问题。政府失灵问题长期得不到解决又会带来政府规模过度膨胀、巨额财政赤字、权力寻租、交易成本增加、社会效率低下等问题。政府失灵理论①认为，市场经济是复杂的，任由市场自我调节或单纯依靠政府调控都不能保证市场经济健康运行，只有将两者结合起来才能达到资源优化配置的目的，提高市场效率。相关政策规定政府产业基金必须进行市场化运作，而部分地区由市场化水平相对落后，资本市场不活跃，政府激励和监管不当、干预过多等引起的市场失灵与政府失灵问题得不到有效解决，使得产业基金出现了设立多落地难、变相举债、违规操作等问题，达不到预期目的。所以，在政府产业引导基金的运作过程中，政府应该遵循市场规律，明确基金定位，把基金运作的工作交由专业的基金管理人，政府则从政策方面着手建立一个有助于活跃产业基金交易市场的机制，营造高质量的法律环境，提高政府行政效能，促进产业基金快速发展。

三、信息不对称理论概述

信息不对称理论②是指市场经济活动参与者对已公布及未公开信息的掌握程度不一样，获得较为充分信息的参与者大多数情况下会比获取信息渠道不畅的参与者更有优势。信息不对称在经济活动中普遍存在，对

---

① 吕多.中国现阶段的市场失灵和政府失灵[J].现代工业经济和信息化，2014（12）：7-8.

② 陈伟德.论创业投资中的信息不对称和委托代理问题[J].海南大学学报（人文社会科学版），2011（5）：95-100.

市场的自我调控效率和配置资源的能力有较大的影响。经济活动参与者在信息获取上的差异容易导致利益分配结构的失衡，其中获取信息较为充分的一方在市场交易中获利的可能性往往更大。

中小企业融资困难的症结就是信息不对称，特别是在高新技术型中小企业的种子期、初创期、早中期乃至成熟期，企业发展具有高度的不确定性，缺乏有形抵押物或标的资产，研发的新产品未经过市场检验，需要一定的资金投入去开拓市场，而能否在市场上获得成功还是未知数，且一旦进入市场便有可能在短期内被复制，这迫使企业增加投入进行技术升级或研发新产品等。投资者在面对这种信息不对称时，难以准确评估产品价值、市场前景和潜在风险，导致相关企业几乎不可能通过贷款、信托计划等传统方式从银行等金融机构得到融资支持。与此同时，高新技术企业技术研发费用的投入，特别是开发新技术、研发新产品的投入远远高于企业的其他投入，仅靠企业自有资金很难维持长期平稳运转。

资本市场的缺陷使得信息不对称问题愈演愈烈，需要政府加以干预。政府可以与社会资本合作共同出资设立产业基金，投资高新技术企业，有了政府产业基金平台，社会投资者、基金管理人与被投资企业就能够充分分享项目信息，共同面对市场，获取最大化的投资回报。

与此同时，政府参与在无形中被社会投资者解读为"政府背书"，一旦企业贴上"政府背书"标签，就等同于由政府来分担市场不确定和信息不对称风险，从而增强了社会投资者的投资信心，形成不可低估的投资吸引力。各地方设立政府产业基金后会建立投资项目库，及时发布项目信息，要求基金管理人定期呈报基金运作报告、资金使用情况等，通过政府的监督和考核预防信息不对称风险，保护投资者的权益，提高投资效率，促进产业发展。

第三章　中国地方新兴行业发展成果概述

随着时代发展进程的不断加快，中国相继提出了资源节约型和生态友好型社会建设思想，以此为基础提出了"双碳"目标，并根据该目标发展了战略性新兴产业。上述思想、目标、发展战略的提出旨在确保中国经济与社会的可持续发展，地方新兴行业发展的成果在该时代背景下有着较为明显的体现。本章将对中国地方新兴行业发展成果进行概述。

第一节　地方新兴行业规模与经济增长情况概述

随着战略性新兴产业的全面深化落实，地方新兴行业发展规模和经济增长速度有了显著提升，地方经济新的增长点也相继出现。

一、地方新兴行业规模概述——以五大新兴科技行业为例

随着中国特色社会主义现代化强国建设新征程的全面开启，中国提出了"碳中和""碳达峰"等诸多战略性发展目标，并规划、制定、实施了战略性新兴产业，新兴行业在这一历史背景下迎来了巨大的发展空间，中国经济也随之进入高质量发展阶段，并且在全球产业链需求方面起到了积极的带动作用。

根据 CINNO Research 的数据统计结果，2021 年半导体、光电显示、电路板、消费电子、新能源五大新兴科技领域已经成为当前中国新兴行业发展较为成熟的领域，国家投资总额已经达到 2.8 万亿元人民币。其中，新能源行业的投资所占比重最大，已经达到投资总额的 59.5%，半导体行业的投资所占比重紧随其后，为 20.0%。需要强调的是，这五大新兴科技行业投资在各省、自治区、直辖市总投资中所占的比重接近90%。2021 年中国五大新兴科技行业投资分布情况如图 3-1 所示。

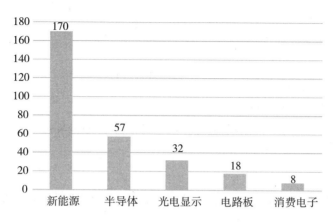

图 3-1　2021 年中国五大新兴科技行业投资分布情况
信息来源：CINNO Research 数据

在我国五大新兴科技行业中，地方政府投资分布情况已经较为清晰，新能源和半导体领域是主要的投资对象，而光电显示、电路板、消费电子分别为第 3～5 位。这一投资分布情况产生的主要原因是各地方政府不仅深入了解当下乃至未来中国新兴行业发展的大方向，还对地方优势资源进行了深入的挖掘。

（一）新能源行业投资

根据 CINNO Research 数据统计结果，2021 年中国新能源行业出现了前所未有的发展局面，政府投资力度更是空前，行业投资的主要方向是锂电池和氢能源核心技术的研发与制造，投资金额超过 8 000 亿元人民币，占该新兴行业投资总额的 48.4%，对中国新能源领域高质量和高速发展起到了至关重要的推动作用。投资地域主要集中在四川省、江苏省、江西省、安徽省、新疆维吾尔自治区，其中四川省的新技术研发成果和生产制造总量名列前茅，不仅带动了我国中南地区经济的创新发展，更为全面实现"双碳"目标做出了巨大贡献。

（二）半导体行业投资

2021 年，中国政府对半导体行业的投资主要倾向于晶圆制造，投资金额超过 3 000 亿元人民币，占政府对该行业投资总额的 55.8%。投资地域主要集中在上海市、江苏省等沿海省市，其投资金额占投资总量的 73.9%。通过该数据统计结果不难发现，资源优势在该新兴行业投资中发挥了至关重要的作用，预计未来该地区该行业的政府战略性投资总量还会不断增加。

（三）光电显示行业投资

2021 年，中国光电显示行业投资总额与 2020 年相比有了显著提升，最为明显的体现就是面板厂的投资作为该新兴行业投资的主体，投资总量接近 1 600 亿元人民币，占该行业投资总额的 49.4%，投资方向具有较高的明确性。投资地域集中在华南、华中、中南地区，并且以广东、湖北、四川三省为主。这三个省份的投资金额占该行业投资总额的 50.2%。究其原因，这三个省份一直以来就是中国电子加工行业的主要分布区域，无论在资源方面还是在技术方面都具有较为明显的优势。

（四）电路板行业投资

2021 年，我国电路板行业内的项目投资领域较为广泛，总体可以划分为两个方面：一是高多层电路板，二是高密度互连电路板。两者投资金额已经达到 916.5 亿元人民币，约占该行业投资总额的 52%。其中，IC 芯片封装载板的投资倾向更为明显，投资总额高达 299 亿元人民币。另外，投资地域主要集中在江苏、江西、广东等省份，这些省份拥有该领域得天独厚的发展优势，投资金额占该行业投资总额的 60%。

（五）消费电子行业投资

2021 年，中国消费电子行业在新兴行业中脱颖而出，成为中国具有代表性的新兴行业之一，其中政府投资项目将智能移动终端设备、无线充电设备、智能出行装备作为重点方向，全力支持技术与装备的研发、生产、制造。消费电子行业的投资总额已经突破 200 亿元人民币，立讯精密等企业成为该新兴行业战略投资的对象。另外，投资地域主要集中在安徽省和江苏省。

二、地方新兴行业经济增长情况概述

战略性新兴产业全面提出后，各地方政府积极响应，并在所辖区域范围内进行了明确的战略部署。其中包括立足优势资源和区位优势，将区域产业发展模式和产业结构升级转型作为着力点，确保通过地方新兴行业的全面发展，开发出地方经济发展的新增长点。在此期间，地方新兴行业经济取得了长足的发展。

（一）地方新兴行业经济增长硕果累累

2022 年 12 月 9 日新华社发布的《新兴产业"兴"起来 创新驱动后劲足——地方经济发展新动能观察》一文明确指出产业是经济发展的命脉所在，其兴旺程度直接关乎经济发展质量和社会发展水平，产业高度优化会使经济发展的动能更为强劲。当前中国地方新兴行业无论是在数字创意领域，还是在虚拟现实、生命健康、元宇宙领域都取得了长足的发展，成为中国新兴行业的重要组成部分，也为中国经济与社会发展提供了源源不断的动能。未来各地区应加快产业发展步伐，进一步促进新兴行业实现又好又快发展，让新兴行业和未来产业布局迈向新的高度，让中国经济在"创新的赛道"上加速发展。

（二）地方新兴行业正在不断发展壮大

从中国经济与社会发展的总体态势出发，依托现有的新要素不断发展壮大地方新兴行业成为政府引导地方经济发展的主要方式。例如，安徽省合肥市就紧紧围绕中国电子科技集团公司第三十八研究所关于射频前端芯片和模组的研发技术以及生产与制造技术，不断加大对该领域的投资力度，全面突破关键技术与核心技术，增强技术创新能力，2021年该项技术研发成功，并获得了安徽省科学技术发明一等奖，为新兴行业经济发展找到了一个新的增长点。

同时，安徽省在新一代信息技术研发领域也不断加大投资力度，在集成电路方面将做大做强作为新的战略发展目标，力求打造出一条由400家企业构成的完整产业链，并且已经签订重点投资项目总额为3 000亿元人民币的战略合作协议。截至2022年底，该领域集设计、制造、封装测试材料、装备、创新研发平台、人才培养于一体的产业链已经初步成型，对安徽省新兴行业经济增长起到了至关重要的推动作用。

此外，安徽省在2022年世界VR产业大会上分别与107个项目签约，总金额突破700亿元人民币；同时在第二届国际新材料产业大会上分别在主会场和分会场与111个项目签约，政府投资总额突破1 000亿元人民币；在2022年世界显示产业大会上集中签约的合作项目更是高达75个，政府投资总额突破1 500亿元人民币。综合以上具有代表性的地方新兴行业发展成果，不难发现新兴行业经济增长形式较为乐观，预计其将成为中国当前乃至未来经济与社会发展的主力军。

（三）新兴行业经济增长未来可期

从"十四五"规划全面开启至当前中国各地将社会与经济发展的重点进行了战略性转移，在国家经济与社会呈现平稳发展态势的同时，新兴行业发展的步伐也在不断加快，不仅保持着良好的经济增长势头，未来发展也值得全社会期待。

从国家统计局发布的有关数据来看，截至2021年10月底，山西省省级以上规模工业的战略性新兴行业的产值增长达到19.5%，新能源汽车所占比重达到76.3%，节能环保产业较2020年增长了52.3%。安徽省战略性新兴行业在2021年前10个月产值增长达到了15.2%，占省级以上规模工业总比重的41.6%。江西省战略性新兴行业的产值增加更是达到前所未有的高度，其中高新技术产业产值增长 17%，装备制造业产值增长 18.3%。

综合以上观点和数据，不难发现地方新兴行业为中国经济发展提供了诸多新的增长点，同时在创新能级方面和重点领域不断发展壮大，国际竞争实力明显增强。另外，其在政府投资结构和供给结构方面也呈现出了高度的合理性，能够对中国未来经济与社会发展起到主导作用。地方信息行业的经济增长、产业模式转型升级、产业结构优化会为中国经济与社会实现高质量发展提供强有力的支撑。

第二节 地方新兴行业的布局概述

当前，中国地方新兴行业发展所取得的显著成果与战略布局的合理化之间存在密不可分的关系。布局的合理化主要体现为立足区位发展优势和资源优势明确所要发展的新兴产业，确保新兴产业之间形成有效融合，进而推动地方新兴行业实现又好又快发展。

一、虚拟现实产业已经成为地方新兴行业战略布局的重要组成部分

从当今时代创新发展的角度出发，具有颠覆性的创新是推动经济与社会发展的核心动力。而所谓的"颠覆性创新"就是在创新理念和思维上突破传统束缚，让创新不再具有局限性。虚拟现实产业的快速发展即最为有力的说明。在江西省南昌市新兴行业战略发展布局中，虚拟现实产业就被作为重点选择对象，其与产业的深度融合会让产业发展格局呈现出前所未有的创新性。江西省通过 3D 建模技术打造出元宇宙·VR 数字农业示范基地，该示范基地占地 346 亩（1 亩 ≈ 667 平方米），并且与虚拟世界之间形成了 1：1 复制，这为新一代信息技术产业高质量发展

提供了有利契机，并且对推动该地区经济的高质量发展发挥了重要作用。

除此之外，江西省还把虚拟现实产业作为全省经济发展的新动能，在产业投资项目的选择中，将虚拟现实技术的硬件、软件、内容研发和制作视为重要投资对象，同时将分发与应用服务视为不可或缺的重要投资领域，并在南昌市建立起国家虚拟现实创新中心，专门从事该领域的关键技术与核心技术的研发攻关工作，进而形成一条全产业链，成为新一代信息技术产业发展的新高地。

江西省现已拥有从事虚拟现实技术研发、内容制作、分发、应用与服务的企业400余家，并且有18家企业已经进入全国虚拟现实技术50强，形成该产业上下游聚集、抱团化发展的局面。2018年该产业经营收入超过42亿元人民币，截至2021年，该产业经营收入为604亿元人民币。

二、新能源对地方新兴行业空间布局起到了强有力的推动作用

新能源产业已经成为当今新兴行业的重要战略组成，因此各地方新兴行业战略布局都将其视为重中之重，其对地方新兴行业实现高质量和又好又快发展目标起到了强有力的推动作用。例如，江西省在2022年10月12日正式宣布全面加快锂电新能源产业建设步伐，四川省在2022年12月27日正式宣布全面投资建设四川宜宾新能源汽车动力电池精密结构件三期工程，这些都是促进地方新兴行业高速发展的强大推动力。

具体而言，四川省在新时代产业经济转型过程中强调以资源优势为重要依托，确立以新能源汽车各项技术研发、零部件生产与制造为中心的产业战略转型新思路，不断加大对新能源汽车动力电池精密构件等领域的投资力度，确保全省产业经济发展方向和模式转型升级的科学性与持续性。例如，科达利集团计划向宜宾市投资5亿元人民币，用于新能源汽车动力电池精密构件关键技术和核心技术的研发与攻关，以及相关

基础设施的全面建设。矿冶集团和蜀道集团分别与攀枝花市、遂宁市的新能源材料产业合作，重点开发新能源材料项目，力求为四川省新能源汽车产业提供强大的材料支撑，形成四川省新兴产业链。其计划总投资约为 200 亿元人民币，用于关键技术和核心技术的研发，以及项目基地基础设施的建设与完善，在全力推动四川省新兴行业实现又好又快发展的同时，确保其发展的可持续性。

江西省作为中国电池制造行业大省，无论是在党的十九大胜利召开之前，还是在最近 5 年内，都坚持将优势资源作为全省经济发展的根本。随着国家创新发展理念的全面提出，江西省强调全面削减落后产能，加快全省产业转型升级步伐，确立以新能源开发与制造为主体的产业经济发展新格局。在此期间，锂电新能源的研发、生产、制造成为该省新兴行业战略布局的重要一环，不断加大投资力度也成为江西省政府促进产业经济发展的重要工作。其中，已有宁德时代、国轩高科、吉利科技、欣旺达、蜂巢能源、比亚迪等一批锂电行业头部企业投资超百亿项目落户江西，对全省新兴行业高质量、可持续、又好又快发展起到了重要推动作用。

三、新一代信息技术已被视为地方新兴行业战略布局关注的焦点

新一代信息技术是全面加快新兴行业发展的技术支撑条件，具有突出的根本性和关键性。由此，地方新兴行业战略布局已经将新一代信息技术视为关注的焦点，其对全面加快地方新兴产业转型升级和结构调整的步伐，并最终实现地方新兴行业的高质量、可持续、又好又快发展目标具有强有力的支撑和保障作用。例如，广东省正在重点培育"芯""显""车"三大特色产业，浙江省正在大力推进先进制造业的发展，努力打造理想的地方新兴行业战略发展平台和环境。

具体而言，广东省作为中国信息技术行业发展的龙头省份，无论是

在信息技术的研发和攻关方面，还是在硬件设备的生产制造方面，都处于全国领先地位。随着新经济时代的全面开启，广东省率先进行产业模式转型升级和产业结构优化，坚持以优势资源为主体，立足国家创新发展理念和新兴战略，全力将新一代信息技术产业发展作为新兴行业战略布局的关键组成部分；同时将力学、声学、微流控、生物等传感器件及配套 ASIC 芯片研发和生产制造，以及智能网联汽车关键技术与核心技术的研发和攻关作为重点发展对象，从而加快新兴行业战略发展进程。

浙江省作为中国高新技术产业大省，在"十三五"规划时期高新技术产业增加值始终处于逐年递增的状态，在"十四五"规划时期，更是将高新技术产业深化发展作为全省经济与社会发展的重要抓手，强调用科技带动全省经济发展，大力提升全省范围内新兴行业的发展速度。根据《钱塘晚报》的报道，在 2017—2021 年，浙江省高新技术产业规模迅速扩大，全省高新技术产业增加值翻一番，年均增长 17.8%，增幅高于规上工业增加值，占比从 42.3% 提高到 62.6%，新兴行业战略发展布局的明确性得以充分彰显。

第三节　地方新兴行业的高效聚集

行业高效聚集是行业发展到一定高度的重要标志，中国新兴行业伴随时代的发展已经取得了丰硕成果，地方新兴行业已经初步迈向高效聚集的发展阶段。

一、地方新兴行业形成高效聚集局面的历程

自 1949 年以来，中国经济发展经历了多个转型期，并逐渐形成了新兴行业战略性聚集的局面。中国地方新兴行业形成高效聚集局面的发展

历程可以划分为四个阶段：自力更生阶段、对外开放阶段、融合发展阶段、自主创新阶段。不同发展阶段的发展模式和依托的发展要素存在一定的相似或不同。地方新兴行业形成高效聚集局面的历程如图3-2所示。

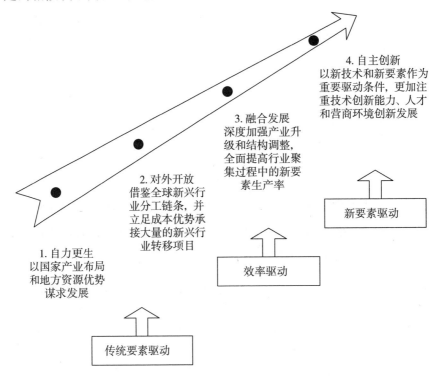

图3-2　地方新兴行业形成高效聚集局面的历程
信息来源：国家信息中心

在地方新兴行业发展过程中，自力更生阶段以国家独立自主发展各项产业为中心，强调以地方优势资源为根本保障，以促进产业化聚集。对外开放阶段主要借鉴全球新兴行业分工链条，让新兴行业聚集与发展的过程不仅能够使优势资源充分发挥作用，还能确保成本的有效控制。这一阶段地方新兴行业还是以承接国际新兴行业转移项目为主，并未形成全面独立自主的新兴行业高效聚集局面。随着时代发展步伐的不断加快，地方新兴行业进入融合发展阶段，以国际经济发展的大形势作为重要依托，地方政府在国家的正确引导下，逐渐将产业升级和结构调整放在重要位置，促进新的产业发展要素不断产生，助力战略新兴行业不断开拓新的发展空间，进而形成以效率为驱动的地方新兴行业聚集与发展局面。伴随党的二十大的胜利召开，全面自主创新成为中国经济与社会发展的重要任务，这就需要以新技术和新生产要素作为重要依托，强调在关键技术与核心技术的创新能力、人才培养与营商环境方面保持创新发展之势。地方产业经济发展的转型与升级以及产业结构优化与调整步伐的进一步加快，促使地方新兴行业形成高效聚集的局面。

二、地方新兴行业高效聚集局面的形成

2021 年，国务院针对中国新兴行业发展做出了明确的战略规划，各项政策性保障条件相继出台，如《"十四五"数字经济发展规划》（国发〔2021〕29 号）等，不仅为中国战略性新兴产业的转型提出了明确要求，还强有力地推动了中国新兴行业的高效聚集。各地方政府积极落实国家在"十四五"规划时期对新兴行业发展所制订的明确计划，纷纷出台地方性相关政策，为地方新兴行业的高效聚集和实现高质量发展指明了方向。地方新兴行业高效聚集的政策环境见表3-1。

表3-1 地方新兴行业高效聚集的政策环境

序号	出台部门	出台年份	具体政策
1	国家发展和改革委员会	2019 年	《关于加快推进战略性新兴产业集群建设有关工作的通知》
2	中华人民共和国科学技术部	2021 年	《关于开展 2021 年度创新型产业集群试点（培育）的通知》
3	中华人民共和国工业和信息化部	2021 年	《关于开展先进制造业集群决赛的通知》

续 表

序号	出台部门	出台年份	具体政策
4	浙江省人民政府	2021 年	《浙江省智能电气产业集群发展指导意见（2021—2025 年）》
5	宁波市人民政府	2020 年	《宁波市新型功能材料产业集群实施方案（2020—2025 年）》
6	宁波市人民政府	2021 年	《宁波市稀土磁性材料产业集群发展规划（2021—2025 年）》
7	河南省人民政府	2021 年	《河南省先进制造业集群培育行动方案（2021—2025 年）》
8	大连市人民政府	2020 年	《大连市信息技术服务产业集群建设方案》
9	西安市人民政府	2020 年	《西安市电子信息产业集群发展行动方案（2020—2022 年）》
10	西安市人民政府	2020 年	《西安市生物医药产业集群发展行动方案（2020—2022 年）》

信息来源：政府官方网站

  1990 年，哈佛商学院教授迈克尔·波特（Michael E.Porter）在《国家竞争优势》一书中首次提到了"产业集群"这一概念，并对这一产业化发展现象进行了系统性分析[①]。他在该书中将当时世界10个工业化水平较高的国家作为考察与研究对象，认为产业集群化发展必将成为工业化国家发展过程中普遍存在的一种现象。另外，在发达经济体中普遍都会出现各种产业集群现象。所以，在评价区域经济发展水平的指标体系中，是否形成产业集群发展局面也成为一项重要指标。

  2019 年，国家发展和改革委员会下发了《关于加快推进战略性新兴产业集群建设有关工作的通知》，十三个重点领域作为中国首批战略性

---

① 波特.国家竞争优势[M].李明轩，邱如美，译.北京：华夏出版社，2002：115-116.

新兴产业集群建设项目，涉及全国22个省、自治区、直辖市，并针对有关的工作目标、原则、要求、政策性措施做出了明确规定，为地方新兴行业形成高效聚集局面提供了政策依据。

2021年，国家发展和改革委员会联合科技部、工信部等部门相继出台了《关于开展2021年度创新型产业集群试点（培育）的通知》《关于开展先进制造业集群决赛的通知》等政策性文件，明确指出各地方政府要在全面加快地方战略性新兴产业集群建设方面予以政策性支持。由此，各地方政府相继出台了有关政策，在人力、物力、财力方面提供重要的政策性保障，表3-1列出的具有代表性的地方政策为地方新兴行业高效聚集局面的形成和长期保持提供了政策依据。

伴随着2022年党的二十大的胜利召开，国家针对战略性新兴产业转型升级和结构调整做出了进一步战略部署，明确强调战略性新兴产业的集群化发展不仅要突出地方特色，还要彰显优势互补性和结构合理性，真正成为中国经济增长的重要引擎。这为地方新兴行业高效聚集带来了前所未有的机遇，同时促进了地方经济的高质量发展。

三、地方新兴行业高效聚集的类型

通过对我国新兴行业聚集式发展的有关政策的分析，不难发现虽然各个区域内的新兴行业聚集式发展的历史并不久远，但是经历的过程却呈现出系统化特征。其发展历程既受传统工艺传承的影响，又是地方性资源优势、国家政策驱动、金融资本介入等方面发挥重要驱动作用的结果。目前，我国地方新兴行业的高效聚集主要包括三种类型，具体见表3-2。

表 3-2　地方新兴行业高效聚集的类型

序号	类型	构成要素	形成过程	经典案例	说明
1	传统要素驱动下的新兴行业聚集	劳动力、资本、土地	充分发挥地方区位优势和资源优势，并通过当地政策推动逐渐形成行业聚集效应	最早的高端装备行业、生物医药行业、新材料行业的聚集化发展	在这三种驱动模式的作用下，必须具备的要素之间并不存在排斥关系，关键是主导的要素存在明显不同
2	新要素驱动下的新兴行业聚集	数据、信息、知识	以数据、信息、知识作为行业发展的基本资源构成，并以政策作为引导，通过品牌效应和金融运作方式形成行业聚集效应	深圳市人工智能领域和贵阳市大数据领域的行业聚集化发展	
3	效率驱动下的新兴行业聚集	技术创新、管理模式升级、产品质量提升、产业结构调整	以技术创新、商业模式创新、体制机制创新为载体，实现从传统要素驱动向效率驱动的转变	宁波市新型功能材料的行业聚集化发展	

信息来源：国家信息中心

　　中国战略性新兴产业集群化发展以传统要素为重要驱动，虽然集群效应能够得以形成，但是在促进新兴行业聚集化发展方面的效果并不理想。而在新要素驱动下的战略性新兴产业发展强调的是以信息、数据、知识作为基本保障，并且强调政策的引导作用，进而使金融成为推动战略性新兴产业发展的关键力量，促进产业集群化的形成，并为其走向成熟奠定坚实基础。效率驱动下的战略性新兴产业发展更加注重技术创新、商业模式创新、机制体制创新，新兴产业结构得到有效优化，使产业模式始终处于转型升级的状态，这样就会使战略性新兴产业在区域范围之内获得巨大的发展空间，进而形成地方新兴行业高效聚集的局面。

第四章　产业引导基金模式与中国新兴行业高质量发展的关系

　　构建产业引导基金模式的目的有两个：一是为行业发展提供重要的政策引导；二是通过政府公信力将社会优质资本进行广泛整合，提升社会资本的使用效率。这两个目的都是确保行业高质量发展，当然也包括中国新兴行业，这说明产业引导基金模式与中国新兴行业高质量发展存在着一定的关系。如图 4-1 所示。

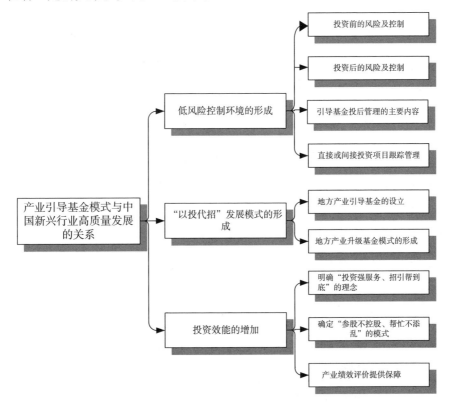

图 4-1　产业引导基金模式与中国新兴行业高质量发展的关系

　　产业引导基金模式的设立、运行、发展与中国新兴行业高质量发展之间存在较为明显的关系，前者能够对后者产生直接的推动作用和保障作用。本章各节内容都会围绕图 4-1 内容进行具体论述，希望所提出的研究观点能够为广大读者带来一定的启发。

第一节　为地方新兴行业提供低风险投资环境

随着时代发展步伐的不断加快，地方新兴行业高质量发展成为地方经济与社会发展的要求，但是在发展过程中存在诸多不确定性因素，这就需要中国新兴行业在高质量发展过程中具备一个低风险环境。地方产业引导基金模式的构建与运行恰恰能够为之提供强有力的保证，下面笔者从三个方面进行具体说明。

一、投资前的风险及其控制

地方产业引导基金的设立是为了更好地推动地方重点行业和新兴行业的高质量发展。地方产业引导基金模式运行的最终效果是在投资阶段体现的，有效降低投资各阶段的风险是至关重要的一环，这能够使地方新兴行业拥有低风险投资环境。由于在产业引导基金运行与发展的过程中，各项管理工作的全面进行通常会伴随三种委托代理关系，分别为政府财政出资与产业引导基金管理团队之间的委托代理关系、产业引导基金管理团队与子基金管理团队之间的委托代理关系、子基金管理团队与社会资本团队之间的委托代理关系。在这些委托代理关系中，委托人和代理人的利益目标难免会存在不一致的情况，从而导致产业引导基金运行与发展的全过程出现额外的资金使用成本以及信息不对称的现象，这些都会使地方产业引导基金在投资前期伴随较高的风险，地方重点行业和新兴行业的投资环境也不理想。

政府在通过三重委托代理关系将资金交给企业使用时，会对资金的实际去向失去监管能力，难以掌握每个投资企业的实际经营情况，也无法确保子基金管理团队和被投企业之间是否有共谋、串联交易，属于信息的弱势方。如果交易双方具有信息不对称关系，那么信息优势方就可以凭借信息获利。在投资前阶段，信息不对称将会导致政府引导基金面临逆向选择风险。

逆向选择风险是指在交易前期，由于信息不对称，信息优势方可以利用掌握的信息与另一方签订利己契约，从而导致信息弱势方的事前风险。如果前期组建的引导基金管理团队缺乏专业的投资能力，不能识别合适的子基金管理团队，也不能避免子基金管理团队和被投企业之间进行共谋，就会给引导基金运作带来风险。

政府引导基金可以从两方面对逆向选择风险进行控制：一方面加强政府引导基金管理团队的专业能力；另一方面建立市场化运行机制，避免共谋风险的发生。在提升引导基金管理团队专业能力方面，可以建立培养和引进复合型人才的机制，重视人才培养和引进，重点引进高层次管理人才。例如，某些引导基金管理公司向区域内证券公司、银行、基金公司等金融机构借调优秀人才；同时建立专门纠正专业人员知识偏差的培训体系，引进人才和培养人才并行，提高引导基金管理团队的专业能力。

在建立市场化运行机制方面，引导基金应遵循"政府引导、市场运作、科学决策、防范风险"的原则。例如，引导基金可以与筛选出来的基金管理人合作设立专项基金，按照政府引导的大方向进行运作。引导基金和专项基金的其他出资人权益同等，资金同步到位，共享收益，共担风险。专项基金运作始终贯彻市场化原则，能在很大程度上避免委托代理关系所产生的共谋风险。

二、投资后的风险及其控制

引导基金在实际运行过程中还存在因为以下特殊情况而需强制退出的风险：其一，在子基金方案确认后超过一年，子基金无法按规定程序和时间要求完成设立或增资手续；其二，引导基金出资拨付子基金账户一年以上，未开展投资业务；其三，子基金或投资项目未按约定投资。

对于投资后的风险控制，引导基金可以通过政策约束和投资计划条款约定来实现。针对引导基金设立或参股子基金无法按期设立或未按约定开展投资业务的情况，财政部或地方政府相关管理办法也提出了相应的风险控制措施，即发生不能实现引导基金目的的情形时，政府投资引导基金应按规定程序报基金管理机构，经批准后，及时强制且无责任地退出。

例如，深创投在 2019 年 9 月首次集中公示清理子基金，共涉及 37 只子基金。其中，被清理的 25 只子基金涉及基金总规模为 646 亿元人民币，收回引导基金承诺出资金额约 140 亿元人民币。另外还有 12 只子基金被缩减规模，其涉及收回的承诺出资金额暂不明确。此次子基金的集中清理主要分为两种情况：一是由于子基金社会出资人未募集到位，基金逾期未能设立；二是由于子基金管理团队、投资策略或政策法规等发生重大变化，子基金自行放弃设立或放弃申请深圳市引导基金出资。深创投对不符合要求的子基金进行清理，一方面可以提醒其他子基金加快设立、出资和投资进度；另一方面可以收回深圳市引导基金无效认缴出资额，切实提高深圳市引导基金资金使用效率。

三、引导基金投后管理的主要内容

对于引导基金来说，除了在基金投资前进行审查和风险控制，更多的风险控制要依靠对子基金的投后管理。投后管理的好坏将直接影响子基金的发展的好坏以及财政资金的安全与否。引导基金的投后管理主要涉及三个方面：引导基金运行管理、子基金跟踪管理、直接或间接投资项目跟踪管理。

（一）引导基金运行管理

引导基金投后管理的基础工作即为母基金层面的运行管理工作。投后管理部门需要对引导基金进行日常维护，包括但不限于：

第一，对基金各项费用支出（管理费、托管费、外包服务费）进行管理，对基金内现金流动进行跟踪并编制翔实的报表，同时与托管人（如有）沟通资金划拨等事项。

第二，报送信息，包括对发改委、财政部、证监会、基金业协会等监管部门要求的信息报送平台进行定期信息报送，保证资金运作的合规性。

第三，披露出资人信息及绩效评价，包括每季度或半年更新基金整体情况、已投子基金和项目情况，并按照出资人（特别是财政资金）的要求对引导基金进行定期的绩效评价，考察基金运作规范性和效果。

（二）子基金跟踪管理

引导基金的主要投资标的为子基金，所以对子基金的投后管理直接关系到引导基金的表现。对子基金的跟踪管理一般包括以下几点。

1. 资料收集和定期走访

引导基金应定期对子基金的季报、年报进行收集，对子基金当前运作情况进行分析。除此之外，还应关注子基金管理团队的人员变动、投资策略、投资完成度、返投完成情况等定期报告不会主动披露的信息。引导基金管理团队须建立定期走访机制，定期与子基金管理人就当前子基金投资情况和运行管理情况进行沟通，以便及时发现风险点。

2. 投资决策参与

在实际操作过程中，很多引导基金要求成为子基金投决会的委员或观察员，在投资决策流程中对拟投资项目进行合规性审查。子基金管理人会与引导基金管理人提前沟通拟提交投决会审议的项目情况，在多方均认可的情况下再提交子基金投决会审议，这样就大大减少了多方利益冲突带来的投决机制滞后的问题。引导基金参与子基金投决的审批流程直接关乎投资效率。例如，某些引导基金的投决会文件用印审批需要较长的流程，使得子基金因此错过了投资机会。目前，很多引导基金在投决前已经就拟投项目情况进行充分沟通，将子基金投决授权给引导基金投资经理，这样既可以保障引导基金的利益，又可以加快整体投资进度。

3. 服务赋能

引导基金相对于市场化机构有着更多的政府资源，在很多情况下可以给予子基金及其投资项目更多赋能。这类赋能包括各类政策、补贴申请服务、产能扩充所需土地等资源的协调、项目 IPO（首次公开募股）支持等多方面服务。更好的服务一方面可以吸引更多优质子基金管理人和优质项目落地；另一方面可以让子基金管理人从这些事务中解脱出来，更专注于寻找好项目，创造更高的收益。

4. 寻求跟投机会

对于引导基金来说，直接投资当地成长型企业的资金运行效率更高。相较于自己找项目，通过与子基金管理人合作获得跟投机会是一个更加稳妥且可行的投资策略。通过与优秀的子基金管理人沟通，了解其对于特定产业及企业的看法，可以发掘出最具投资价值的企业，从而带动当地产业更好更快地发展。

（三）直接或间接投资项目跟踪管理

正如前文提到的，引导基金的实质为"三层委托"，最终产生收益的为各类型被投企业。所以，对被投企业的跟踪，特别是对投资比例较大或对当地带动效应明显的企业的跟踪是投后管理的关键。项目的投后管理与子基金的投后管理相同，主要关注企业战略制定和执行、企业运行监控、退出路径规划等关键点。对企业的投后管理，一方面需要为企业赋能，帮助企业更好地发展；另一方面需要监控风险事件，如经营不善、团队流失等重大风险，基于对企业当期财报的分析和管理层走访，提出切实可行的解决方案。如有必要，可寻求回购退出或寻找其他接盘方实现退出。

第二节 促进地方新兴行业"以投代招"发展模式的形成

中国作为地域辽阔且拥有 5000 多年文明史的悠悠大国，在历史发展进程中始终秉承创新、开拓、进取的理念。随着现代社会的发展，中华民族更是秉承"创新发展"的理念，谋求可持续发展之路。地方产业引导基金模式就是在这样的历史背景下产生的，并伴随时代的发展步伐逐渐成为中国经济与社会发展的重要抓手。特别是在战略性新兴产业全面提出并得到深化落实的背景下，地方产业引导基金模式的产生对地方新兴行业发展起到重要的推动作用，新兴行业发展模式逐渐向"以投代招"转变，各地区产业引导基金也正在快速形成，极大地促进了各地区新兴行业招商引资工作的高质量开展。

北京、上海、广州、深圳等地作为中国重要的经济中心，在战略性新兴产业深化落实的情况下，纷纷设立产业引导基金，对政府更好地吸引外商和外资起到了强有力的推动作用。例如，2022 年深圳设立了"20+8"战略性新兴产业专项子基金——工业软件基金。该基金的设立不仅有助于政府吸引更多国内与国外的优质资本，增强政府对社会资本的放大作用，还有助于让更多具有可持续发展特性的工业软件企业落户深圳市，并有望成为该行业的龙头企业，进而加快深圳市新兴行业的发展步伐。深圳市产业结构也因地方产业引导基金"以投代招"模式实现了有效更新和升级。综合以上观点，接下来笔者就对地方产业引导基金的纷纷设立以及产业引导基模式进行具体阐述，充分说明地方产业引导基金促进地方新兴行业"以投代招"发展模式的形成。

一、地方产业引导基金的纷纷设立

战略性新兴产业对七大领域做出了明确的战略部署，强调高新技术在全面发展的同时，强有力地推动了经济与社会的发展。以我国华南地区经济中心深圳市为例，其将电子信息和绿色低碳两大领域作为产业发展的新重点，强调社会优质资本的充分引入，让更多的社会优质资本参与投资，并让外地优质企业更多落户深圳市，进而形成集群化发展的大趋势，实现产业结构更新升级的目的，带动新兴行业实现又好又快发展。"工业软件基金"的设立不仅能够让该行业实现高质量发展，更能推动该产业形成集群化发展态势；政府部门只负责提供财政资金作为母基金，同时为之提供政策性的引导，而社会优质资本则是推动该产业实现集群化发展和该行业实现高质量发展的中坚力量，这也标志着"以投代招"模式在该地区就此形成。

2022 年 11 月，杭州市出台了全面设立产业引导基金的有关政策，即《杭州成果转移转化 12 条》，该政策明确指出产业引导基金用于该地区科技创新成果转化；产业引导基金总规模为 50 亿元人民币，全部用于该地区科技创新成果的转化，为当今高新技术实验室、概念验证场地、中式项目场地等的建设以及高水平人才的引进提供强有力的资金支持。另外，武汉市于 2022 年在产业引导基金设立、运行、发展方面也出台了相关政策，即"创投双十条"，该政策明确提出扩大产业基金规模的总体做法（基金规模为 50 亿元人民币），并详细部署了产业引导基金运行和发展的具体管理工作。

二、集中打造适合地方产业升级的基金模式

新兴行业是战略性新兴产业的核心组成部分，强大的政策支撑和资

金支持是确保其全面发展的关键性因素。"以投代招"发展模式的形成能为地方战略性新兴产业优化升级提供强大的政策引导力和资金支持力。

目前，各地分别围绕"以投代招"模式提出更加适合本地发展实际情况的基金运行与发展新模式，如"资本＋平台＋产业链"模式等，并打造出具有高度适应性和可持续性发展的新兴产业项目，从而推动地方新兴行业的高质量发展。

在地方产业引导基金设立的过程中，各地普遍会分别设立地方产业引导基金、地方产业引导母基金、地方产业引导子基金，体现了子基金个数较多和专项性较强的特点，形成以社会优质资本为中心的产业引导基金群，确保地方重点行业和新兴行业的产业链能够得到延展和补强，最终更好地服务于重点产业和新兴产业集群化发展。

地方产业集群的逐步形成和成熟运转会让政府财政资金溢价减持退出，这样不仅能够充分保证政府财政资金的最终收益，而且能够使各投资人获得理想的收益，还能够使政府财政资金的杠杆作用达到最大化。在此基础上，政府在积累财政资金的同时，也会对其他重点行业和新兴行业的可持续发展项目进行投资，进而形成地方重点行业和新兴行业良性发展循环。

需要特别注意的是，各地产业引导基金的全面设立、运行、发展是以地方产业经济发展的实际状况以及未来发展大方向为重要依据的，这也充分体现出地方产业引导基金运行模式具有明显的定制化特点，不仅可以满足地方产业结构优化升级的需要，还能满足地方实现经济社会可持续化发展目标的切实需求。

第三节 基金"开放度"与"融合度"促进地方新兴行业投资效能的增加

毋庸置疑，地方新兴行业的发展需要诸多优质条件作为支撑，并且在这些优质条件的作用下形成行业内部和行业之间的相互融合，进而让行业发展本身具有较强的创新性和可持续性，这样行业才会获得源源不断的投资。地方产业引导基金具有高开放度和高融合度的特点，能够强有力地推动地方新兴行业投资效能的不断增加。

一、以"投资强服务、招引帮到底"的理念为增加地方新兴行业投资效能奠定基础

自 2002 年起，产业引导基金在全国范围内逐步设立，经过二十年的发展历程，我国出现了多种产业引导基金运行模式，而这些运行模式的构建和实施往往都有共同的理念作为支撑，即"投资强服务、招引帮到底"。该理念是在不断进行经验总结和有针对性的改进中逐渐形成的，是确保各行各业始终处于又好又快发展状态，最终实现可持续发展目标的根本前提。

"投资强服务"理念是指要牢牢把握国家和地方政府提出的促进投资政策，有关机构和部门积极开展储备项目筹划工作，不断提升投资项目的成熟度，为政府资金和社会资金的全面注入提供服务。另外，地方政府建立一套完整的服务机制，全面优化投资审批服务流程，为投资项目建设与运行提供强有力的保障，营造项目投资和项目建设的理想氛围。

"招引帮到底"理念是指在设立和运行产业引导基金的过程中，政府不仅会始终以投行思维考虑，促进地方行业发展，而且会最大限度地发挥政府职能，通过委托代理机构不断加大子基金吸纳力度，通过市场

化、专业化管理，确保政府财政资金的杠杆作用实现最大化。另外，地方产业引导基金的运行会始终秉持"扶上马，送一程"的精神，全面优化对投资项目的服务，切实为投资企业解决创业和发展阶段存在的痛点和难点。

地方新兴行业内部均以创新型高科技中小企业为主，特别是在产业集群化发展的进程中，企业融资难和经营难的状况极为普遍，迫切需要政府出面为之提供可靠的社会资本。地方产业引导基金的设立和运行始终坚持"投资强服务、招引帮到底"的理念，这会不断提升基金的"开放度"与"融合度"，从而为地方新兴行业投资效能的不断增加奠定坚实基础。

二、"参股不控股、帮忙不添乱"的模式为增加地方新兴行业投资效能提供长久动力

从地方产业引导基金的设立与运行全过程出发，政府仅仅提供政策引导和资金支持，并不具备管理与控制职能。具体来讲，在地方产业引导基金的设立阶段、运行阶段、发展阶段，政府以委托代理的形式参与基金"招募管退"全过程，并不直接参与基金控股，只为之提供正确的政策引导和财政资金支持两项重要服务，其他所有工作都交由委托代理机构全权负责，以确保产业引导基金由政府干预带来的风险能够降到最低。

在产业引导基金运行管理过程中，高度的市场化和专业化是始终保证高质量运行的决定性因素。政府在委托代理机构的甄选工作上全程把关，力求合作的委托代理机构具有较高的行业声誉，同时具备较为突出的资质以及丰富的投资与管理经验。政府要对国内外委托代理机构进行全方位调查，向初步确立合作意向的委托代理机构发出参选邀请，经过行业专家严格打分之后筛选出至少两家优质的委托代理机构，最终确定

合作对象并将运行过程中的一切管理事宜交于其手中。

在产业引导基金发展的过程中，政府要以政策引导的方式将产业引导基金的投融资事宜交由委托代理机构和子基金管理人负责，确保子基金的吸纳和投资项目选择的准确，并且确保各方基金在退出机制履行过程中都能实现利益的最大化。地方新兴行业作为地方经济发展的新生力量，在初创期和发展期会面临较多的风险。因此，在产业引导基金运行的过程中，必须确保成立的子基金体现出"优质"这一重要特征，并在投资项目的选择中准确研判出发展的长期性和空间性。产业引导基金在设立、运行、发展过程中以市场化和专业化管理为根本，政府参股但不控股，基金运行与发展的管理水平较高，所以其对地方新兴行业的投资会具有战略意义，而这也为地方新兴行业投资效能的不断增加提供了长久动力。

三、产业绩效评价为增加地方新兴行业投资效能提供重要保障

在地方产业引导基金运行和发展的管理工作中，委托代理机构为确保子基金持有方和政府的利益最大化，会通过产业绩效评价的方式，对产业引导基金投资项目做出客观的评价，对其投资发展的长期性和空间进行客观论证，从而确保各项投资决策的准确性，让政府财政资金的杠杆作用实现最大化，同时保证投资效能的不断增加。产业绩效评价主要包括以下三部分：

第一，全方位明确项目概况并做出客观评价。产业引导基金对初步确定投资项目的基本情况进行全面了解，包括项目的性质、现有资产、现有员工数量、知识产权数量等多个方面，从而确保初步确定的投资项目未来长远发展的可行性因素能够得到直观体现，随后要由有关专家进行打分，最终给出客观评价结果。

第二，对项目立项情况进行调研、分析、评价。由于立项情况可以

反映出投资项目自身存在的优势，也是投资项目未来长远发展的有利条件，在产业引导基金对初步确立的投资项目进行绩效评价的过程中，必须对项目的实施依据、基本性质、用途、主要内容、涉及范围以及申报的可行性、必要性、论证过程进行全面调研与分析，并结合分析结果进行客观评价，从而使项目投资过程中所存在的优势和风险得到清晰体现，为产业引导基金准确做出各项投资决策提供依据。

第三，对项目资金使用及管理情况做出客观评价。资金使用情况和管理情况是投资风险产生的根源，使用和管理不够规范会使投资过程存在巨大风险，反之则可以有效避免投资风险。因此，在产业引导基金运行的过程中，在对初步确立的投资项目进行绩效评价时，必须将项目资金安排落实和总投入等情况，以及项目资金管理情况作为重要的评价指标，从而确保产业引导基金投资风险降到最低，提高社会资本使用效率，使政府财政资金杠杆作用达到最大化。

地方新兴行业实现高质量发展的必然条件就是有政策服务和充足的资金作为保障。政府无疑是提供政策服务的主体，也是惠及社会优质资金并引导资金为地方新兴行业提供金融服务的主体。而设立、运行、发展地方产业引导基金的目的就是让社会优质资金充分进入地方新兴行业，在帮助解决地方新兴行业发展过程中的实际困难的同时，充分保证政府和社会投资人的利益，这样的产业绩效评价无疑能够发挥出巨大的作用，为增加地方新兴行业投资效能提供重要保障。

第五章　地方产业引导基金模式构建的路径

以上各章内容分别针对产业引导基金产生的时代背景和理论基础，以及中国新兴行业发展规模、经济增长、与产业引导基金之间的关系进行了全面论述，目的就是突显在当今时代背景下，地方新兴行业的高质量发展需要地方产业引导基金作为重要支撑。对此，本章对地方产业引导基金模式构建的路径予以明确，为地方新兴行业从中受益提供帮助。

第一节　地方产业引导基金的科学认定

在构建地方产业引导基金模式的全过程中，必须保证其系统性、科学性、合理性并存。这就需要结合以往地方产业引导基金运行所取得的经验，将科学认定地方产业引导基金的母基金和子基金置于首位。地方产业引导基金科学认定的过程如图 5-1 所示。

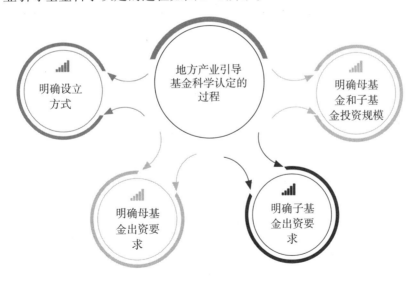

图 5-1　地方产业引导基金科学认定的过程

一、将明确产业引导基金设立方式作为科学认定的前提

根据地方经济发展的总体情况以及新兴行业的未来发展空间，产业引导基金应明确母基金的总体规模，通过国有经营性企业注资的方式设立产业引导基金母基金。

子基金可通过公司制和合伙制两种形式设立，并且严格按照《中华人民共和国公司法》《中华人民共和国合伙企业法》《创业投资企业管理暂行办法》等法律法规执行。地方产业引导基金子基金管理机构必须在得到上级主管部门对子基金方案批复的半年之后才能设立，进而为地方产业引导基金的科学认定提供较为理想的前提。

产业引导基金母基金规模要以地方政府财政状况以及重点行业和新兴行业的战略发展方向和现有的发展情况为依据，还要根据地方经济未来发展的大趋势和总体需求的研判结果，最终明确母基金的规模，这不仅为吸引子基金的注入提供了有利的前提条件，也为科学认定和选择子基金奠定了坚实基础。子基金的规模同样要根据地方重点行业和新兴行业的发展情况以及对未来发展的研判结果合理设定，以此确保社会资本能够更好地为地方重点行业和新兴行业的发展提供强有力的资金支持，全面提高社会资本的使用效率。明确这一点会为地方产业引导基金子基金的科学认定夯实基础。

二、将明确母基金的出资要求作为科学认定的关键

地方产业引导基金与以往开放式基金之间存在明显的区别，具体表现为母基金以基金为投资标的，开放式基金则以债权、股票等有价证券为投资标的。地方产业引导基金通过专业机构进行市场化的筛选来完成对母基金的设立，进而确保投资者在基金投资过程中的收益最大化。

地方产业引导基金母基金的筛选通过基金的法律形式以标准而又规范的运行模式进行，其中包括母基金对基金市场的持续投资策略，而这

显然与其他类型基金之间存在一定的相似性，可作为投资者进行长期投资的理想金融工具。

三、将明确子基金的出资要求视为科学认定的重要组成部分

在地方产业引导基金子基金选择对象的认定过程中，要对每只子基金的总额、出资人的构成与具体情况进行全面调研，并通过绩效评价对子基金进行科学认定。明确子基金的出资要求通常被视为科学认定的重要组成部分。

其间，每只子基金的总额下限应设定为 1 元人民币，而子基金募集过程中必须在自首期资金到位后的 3 年之内做到出资全部到位。规模上限保持在 20 亿元人民币的子基金，首期到位资金不能低于认缴总额的30%。规模上限保持在 20 亿元人民币以上的子基金，首期到位资金不能低于认缴总额的 20%，并且投资者必须以货币的形式出资。

四、将明确母基金和子基金投资规模视为科学认定必不可少的一环

地方产业引导基金的设立在原则上以政策性引导为主，通过较小规模的政府财政投资来引导更多社会优质资本参与投资，以此来保证政府财政资金杠杆作用的最大化。在此期间，产业引导基金的参股比例不能超过子基金注册规模的 20%，或者子基金实际出资总额的 20%，并且达到这一上限的投资人不能作为第一出资人。各地方应该鼓励更多优质母基金和子基金的设立，进而更好地服务和推动产业发展。新兴行业的产业引导基金母基金和子基金提高参投比例要经过联席会议批准，通常不超过母基金和子基金规模的 30%。

在子基金的各个存续期内，投资人必须针对所投资的生产经营类企业进行持续出资，并且出资的总金额不能低于引导基金对子基金出资额

的 1.2 倍。在出资完成之后要由产业引导基金直管机构和政府有关部门进行事先认定，仅认定后的资金可计入地方产业引导基金投资总额。地方产业引导基金要按照协议向子基金支付一定数额的管理费用，并且要与子基金返投模式具有高度的匹配性。

地方产业引导基金的设立与运行与其他国内引导基金之间存在一个共同的特点，即基金规模普遍较大，这也意味着需要吸纳更多社会优质资本才能达到全面加快产业高质量发展进程的最终目标。面对社会发展进程的不断加快，金融市场所伴随的违约风险不断提高，违法操作的现象更是屡见不鲜，银行、证券机构、保险公司等实力较强的投资机构在投资过程中会青睐政府财政出资项目，但是在出资过程中依然会保持高度谨慎的态度。2017 年中国人民银行发布的有关征求意见稿对"分级资产管理产品不得直接或者间接对优先级份额认购者提供保本保收益安排"做出了详细规定，无论投资项目本身是否存在风险，地方政府都不能将财政出资列为劣后级出资，政府所有相关部门和投融资平台都不得向出资人在出资风险方面做出任何承诺，也不能以任何形式提供担保。以上规定的全面落实为地方产业引导基金的科学认定提供了有利条件，能够确保母基金和子基金的资本构成始终保持优质性，为加快地方产业发展步伐提供重要的资金保障。

第二节　地方产业引导基金的有效选择

在地方产业引导基金模式的构建过程中，科学化的基金认定过程是初始环节，在此基础上要对已经通过科学认定的地方产业引导基金进行有效选择，由此方可明确地方产业引导基金的规模、投资对象、运行模式、管理方式。本节就立足地方产业引导基金的有效选择进行全面论述。

一、增设地方性投资中介机构

众所周知，中国金融和经济较为发达的地区已经设立了多家专业的投资交易机构，为金融担保、创新产业孵化、金融监管提供了重要的平台。与此同时，这些投资交易机构随着时代的发展逐渐与国际接轨，对中国基金行业发展起到了至关重要的推动作用。

基于此，地方产业引导基金在设立并进行有效选择的过程中，应将大力增设地方性投资中介机构置于首要位置，活跃基金交易市场，从而让地方产业引导基金拥有较大的选择空间。投资中介机构的增设需要与国内具有较高知名度的审计机构、法律事务所、银行之间建立紧密的合作关系，为增设信用类、证券类、产权类投资交易机构提供理想的大环境，以有效活跃地方资本市场和基金市场。

二、组建地方产业引导基金

在地方产业引导基金模式的全面构建过程中，有效选择地方产业引导基金是至关重要的一环，也是组织地方产业引导基金具体实施过程的核心，既需要以直接管理作为主要方式，又需要政府有关部门的有效监管。

地方政府要依托投资中介机构建立属于本地区的产业引导基金管理机构，以 GP（普通合伙人）的角色对基金运行与发展过程进行有效监管；再从基金市场中募集其他社会资本，最终将自身的角色转变为 LP（有限合伙人）。政府还可通过财政出资的形式，直接将其角色转变为 LP，对产业引导基金进行有效监管。除此之外，政府有关主管部门还可以通过与业内声誉较高、行业影响力较大、成功投资经验较为丰富的资本管理公司合作，由其作为产业引导基金的 GP，进而对地方产业引导基金做出有效选择。

三、明确地方产业引导基金投资方式

就地方产业引导基金选择的有效性而言，并非所有基金都能够达到其选择标准，其中对投资方式的要求较为苛刻。因此，在有效选择地方产业引导基金的过程中，必须明确其具体的投资方式，能够达到其要求的可以视为地方产业引导基金的选择对象，具体包括以下五方面：

其一，在地方产业引导基金设立初期，需要由政府财政部门出资建立母基金，之后方可吸引地方优质资本。地方优质资本必须致力于对地方重点行业和新兴行业的发展进行投资，达到这一要求的社会资本方可成为地方产业引导基金子基金的重要组成部分。

其二，在地方产业引导基金的运行与发展阶段，跟进投资的企业必须联合地方投资中介机构，以及地方产业引导基金管理机构，对处于初创期和发展期的中小型企业进行投资。投资人在投资对象的选择方面必须明确其处于发展的哪一阶段，能够满足这一要求的投资人所提供的资金才可作为地方产业引导基金子基金的一部分。

其三，社会资本必须能够对投资初创期的中小企业的投资机构予以补助。众所周知，在地方重点行业和新兴行业的发展过程中，处于初创期的中小企业发展伴有更高的风险，因此在产业引导基金子基金的选择过程中必须具备一定的抵御风险的能力，而对投资初创期的中小企业的投资机构予以补助则能够直接彰显这一能力。因此，能够满足这一要求的社会资本可作为地方产业引导基金子基金选择的主要对象。

其四，社会资本持有者必须具备有效选择发展空间较大的企业这一基本能力。毋庸置疑，地方产业引导基金的设立、运行、发展的最终目的是推动地方经济形成新的增长点，具备可持续发展条件的企业显然是根本要素。所以，在地方产业引导基金的有效选择过程中，具备有效选择可持续发展的企业这一能力至关重要，能够达到这一要求的投资人所

提供的资金方可视为地方产业引导基金子基金的重要选择对象。

其五，社会资本持有者必须能够促进处于初创期投资企业提升融资能力。地方产业引导基金在设立、运行、发展的过程中，需要有多个地方投资中介机构积极参与，活跃地方金融市场，这样才会有更多的基金相继出现，产业引导基金的选择范围才会不断扩大，可供选择的对象才会不断增加。处于初创期的投资企业显然是弱势群体，必须予以高度关注，而具备这一能力的社会资本持有者所提供的资金无疑可以作为地方产业引导基金子基金的重要选择对象，以此确保子基金本身具备较强的投融资能力。

四、平台公司联动投资

在地方产业引导基金的有效选择过程中，投资中介机构会联合地方政府部门共同设立平台公司，当后者通过前者获得分红并形成稳定的现金流之后，更多的子基金在进入平台公司之后就会改变资产负债的现状，子基金的所有者权益会全面增加。在这一过程中，子基金会有更多的融资机会出现，进而可以为更多的投资项目提供担保服务，这样不仅会全面增加子基金自身的资金量，为地方重点行业和新兴行业的发展提供更多的资金，而且会源源不断地吸引企业参与其中，形成良性发展循环，基金增长量也会随之不断提升。

基于此，在地方产业引导基金模式构建的全过程中，地方产业引导基金的有效选择要将平台公司的联动投资视为不可或缺的组成部分，这样不仅可以确保产业引导基金的规模不断扩大，还能确保对地方重点行业和新兴行业中的更多企业提供资金帮助，以此对地方经济可持续发展和新增长点的出现起到强有力的推动作用。

第三节　母基金营业范围的确定

在地方产业引导基金模式构建与运行的过程中，确定母基金的营业范围是至关重要的一环，其作用和价值主要体现在能够为明确投资项目和项目投资总金额奠定坚实基础。地方产业引导基金母基金营业范围确定过程如图 5-2 所示。

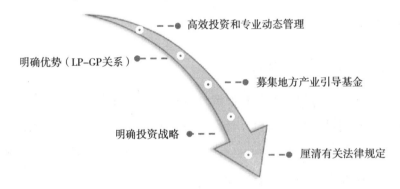

高效投资和专业动态管理

明确优势（LP-GP关系）

募集地方产业引导基金

明确投资战略

厘清有关法律规定

图 5-2　地方产业引导基金母基金营业范围确定过程

地方产业引导基金母基金（PEFOF）与母基金（FOF）不同，传统的 FOF 是指主要投资证券类基金的基金。PEFOF 与一般基金也不同，一般基金主要考虑"募""投""管""退"四个环节，这四个环节做好了，基金就成功了。而所谓 FOF，主要是投资不同的股权投资基金管理公司（一般基金）所募集的各种不同性质的基金，即通过对私募股权基金（PE）进行投资，对 PE 投资的项目公司进行间接投资的基金。但母基金又离不开一般基金，需要以一般基金为基础。

PE 是一种高收益且风险较高的资产类别。市场上 PE 基金数量众多，这意味着投资者选择出好的 PE 基金的难度在逐渐加大，而且 PE 基金受时间、项目、地域和基金经理能力等诸多因素影响，表现参差不齐。

在 PE 市场中，中小投资人由于资金规模较小，一般一次只能投资几个甚至一个 PE，而在 6 ～ 8 年的投资时间里，即便是非常优秀的 PE 基金，也会有投资失误的时候。以歌斐资产为代表的 PEFOF 则能够通过资产再组合，选择不同的 PE 基金和项目来覆盖不同的行业、地域和投资团队，以此达到帮助中小投资人有效分散 PE 投资风险的目的。

一、高效投资和专业动态管理

在当前竞争激烈的市场中，能否抓住转瞬即逝的投资机会十分关键。对于那些对某些行业不太了解但又不想错失投资良机的投资人来说，投资 PEFOF 是一种高效的选择。对于投资普通 PE 基金的投资人，往往在 6 ～ 8 年的投资期内只能等待基金经理的运作和投资结果，几乎没有太多的灵活性。而在 PEFOF 的投资模式中，PEFOF 管理人可以通过资产的再平衡以达到控制投资、保持增值等目的。同时，管理人可以随时代表投资人和 PE 基金经理保持沟通，为其提供资本支持，管理剩余现金，并向投资人及时提供信息，做出专业报告，评估资产组合风险。

二、明确优势 (LP-GP 关系)

LP-GP 关系是有限合伙制的核心，优质的 LP-GP 关系可以为 GP 提供长期稳定的资金来源，使得 GP 能够将主要精力放在项目的投资和管理上。由于 LP 和 GP 之间的信息不对称性等原因，LP-GP 关系的处理成为很多基金运行的负担。影响 LP-GP 关系的核心因素如下。

（一）母基金条款设置

在基金条款的设置中，管理费用结构和基金收益分配设计等关键条款是促进 GP 的积极性、保证 LP 和 GP 之间利益一致性的关键因素。FOF 作为专注私募股权行业的专业投资人，其长期投资经验有利于 FOF 在关键条款的谈判中发挥积极作用，平衡 GP 与 LP 之间的利益关系。

（二）GP 的作用

GP 在运行过程中需要建立透明的沟通制度，及时向 LP 披露基金运行信息。优秀的 FOF 一方面自身拥有比较成熟的 LP 沟通机制，另一方面由于投资众多优秀的子基金，可以借鉴行业的最优做法，为子基金建立沟通制度，并提供有效的建议。

（三）LP 的专业度

由于私募股权行业的长期性与非流动性，宏观经济短期波动等外部因素会在短期内对基金账面回报率产生不利影响。FOF 由于自身的专业度，能够对不利的变动进行客观的评估，给予 GP 充分的理解和支持。

FOF 在以上所有方面均能够为子基金提供有效的增值服务，扮演着 GP（相对于 FOF 的投资人来说）和 LP（相对于子基金来说）的双重角色，对 LP-GP 关系有着更全面的理解，为子基金 LP 和 GP 之间的良性互动奠定良好的基础。

三、基金募集

在基金募集中，对于子基金来说，FOF 作为 LP 发挥了显著的增值效应，主要体现在以下三个方面。

（一）FOF 是长期稳定的资金来源

对于子基金来说，更愿意选择能够在后续基金中为其长期注资的 LP，并与其建立长期的合作关系。FOF 作为专注私募股权市场的 LP，通常情况下能够为业绩优秀的子基金团队长期注资，而不受私募股权市场资产配置比例的限制。

（二）FOF 能够为子基金构建更优化的 LP 结构，保证长期稳定的资金渠道

不同地区、不同类型的 LP，会根据市场和政策环境的变化调整其在 PE 市场的资产配置，因此过分单一的 LP 构成是基金的资金来源稳定性

的潜在隐患。歌斐等 FOF 自身优化的 LP 构成能够促进子基金的 LP 构成的多样化。

（三）FOF 的加入通常能够缩短子基金募集周期

FOF 作为专业投资人，在尽职调查和基金条款的谈判，以及后续 GP 表现的长期跟踪上都具有很高的专业度，因此，FOF 在基金募集过程中的早期加入或者作为基金的领投人对于基金的潜在 LP 是一个积极的信号，对于推进基金成功募集和缩短募集周期具有积极意义。

四、投资战略

FOF 作为 LP，在子基金投资建议委员会中占有席位，其对子基金投资战略的积极作用体现在两个层面：在宏观层面，FOF 在投资建议委员会上为子基金投资战略方向提供专业的建议；在微观层面，FOF 为子基金的项目和被投资公司提供行业人脉和资源。总之，FOF 作为私募股权行业的重要投资者，代表专业、优质的资金来源，能够在资金以外为子基金提供更多的增值服务，很好地发挥 LP 的优势。

五、法律规定

为规范在中华人民共和国境内设立的从事非公开交易企业股权投资业务的股权投资企业（含以股权投资企业为投资对象的股权投资母基金）的运作和备案管理，国家发展和改革委员会办公厅于 2011 年 11 月发布了《关于促进股权投资企业规范发展的通知》，其中特别提出对投资者人数的限制：股权投资企业的投资者人数应当符合《中华人民共和国公司法》和《中华人民共和国合伙企业法》的规定。投资者为集合资金信托、合伙企业等非法人机构的，应打通核查最终的自然人和法人机构是否为合格投资者，并打通计算投资者总数，但投资者为股权投资母基金的除外。

根据"非法人机构穿透原则"的要求，如果一个基金的合伙人或股东是一个合伙企业或信托等非法人机构，需要打通该非法人机构，核查其背后的法人或自然人来计算投资者人数，且该等被打通后的最终投资人亦需满足单个投资人 1000 万元的最低出资额要求。非法人机构穿透原则目前唯一的例外是在发改委备案的"股权投资母基金"。由于国内绝大多数私募基金无法满足每个投资者 1000 万元的最低出资额要求，"股权投资母基金"成为最后的救命稻草。

第四节 地方产业引导基金运行模式的风险控制

风险控制在基金运行过程中始终是关注的焦点，地方产业引导基金在构建、运行、发展过程中也要将其视为重中之重。其中，风险控制关注的焦点应在项目投资阶段。本节就对项目投资各阶段所面临的风险以及风险的主要类型、风险控制措施进行全面分析，力求为地方产业引导基金运行模式有效实现风险控制提供帮助。

一、项目投资阶段风险分析

就产业引导基金模式运行的全过程来看，投资周期内的各个阶段都伴有一定的风险。以下就对地方产业引导基金全面构建过程中的风险控制机制进行深入探究，对投资周期各个阶段面临的风险及其成因进行具体分析，从而为地方产业引导基金模式在运行的全过程中有效进行风险控制提供合理建议。从常规操作的角度出发，产业引导基金投资周期主要由初期、中期、后期三个阶段构成，具体如图 5-3 所示。

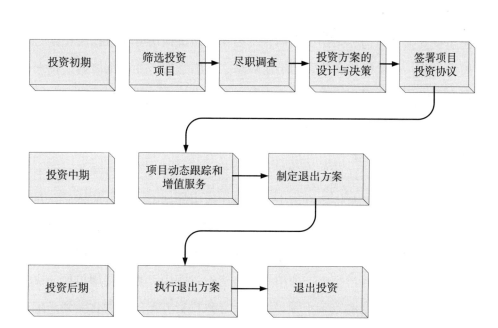

图 5-3　地方产业引导基金项目投资周期构成

产业引导基金模式在投资周期的各个阶段都有明确的运行程序，而这些运行程序会存在诸多不确定因素，从而产生与之相对应的运行风险，对产业引导基金模式运行全过程产生较大的影响。接下来笔者就针对投资初期、中期、后期所伴随的风险进行系统分析。

（一）投资初期风险

在地方产业引导基金设立与运行的全过程中，投资环节作为全面确保政府财政资金杠杆作用实现最大化的关键，其各个阶段都会伴随风险，有效避免风险无疑是确保政府财政资金和社会优质资本最终实现安全退出的关键。

1. 筛选投资项目

在产业引导基金运行过程中，投资的第一步与其他创投机构或股权公司投资并没有明显区别，都是对投资项目进行筛选和甄别，这一步是产业引导基金投资最基础也是最关键的一环。就以往的创投机构或股权公司投资项目筛选和甄别工作而言，委托代理机构通常会根据所积累的投资经验，按照机构和公司固有的风格，在熟悉的产业范围之内，特别是在重点行业和新兴行业范围之内筛选具有发展潜力的投资项目。在这一阶段，产业引导基金委托代理公司需要关注的焦点包括项目本身的经济性、市场发展前景、投资金额、组合战略和退出战略等方面，通常也会受到投资产业和地域实际情况的影响和限制。所以，项目筛选与甄别阶段可能伴随的风险主要有两个：一是产业引导基金所具有的特质存在一定局限性，由此会导致项目选择的范围有限，优质项目很难在产业发展大环境中凸显出来，进而导致项目筛选的准确性以及资金使用率和回报率得不到保证。二是在产业引导基金运行过程中，委托代理机构的决策往往会受到一定的政策干预，这也会导致投资方案的最优化受到一定程度的影响。

2. 进行尽职调查

产业引导基金模式得以构建并全面进入运行阶段之后，在明确投资企业的同时，要对企业进行全方位的尽职调查，内容不仅要包括行业调查和企业发展历史调查，还要包括企业的财务状况、管理情况、违规操作情况、产品和市场营销情况的详细调查。在这一过程中，产业引导基金面临的潜在投资风险有两个：第一，企业在发展过程中，为了达到有效融资的目的，在一定程度上会存在自我包装的问题，隐瞒企业本身的现实情况，如销售数据和财务报表真实程度不高等。这些情况产业引导基金委托代理机构往往不能在第一时间察觉，由此会导致对企业形成错误的评估，进而产生对企业做出不正确投资决策的风险。第二，由于政府产业引导基金的投资对象往往以重点行业和新兴行业的创新型企业为主体，这会导致委托代理机构在获取企业产品市场信息的过程中，无法对其价值做出准确评估，进而导致投资初期做出不够客观的投资决策，严重影响投资效果。

3.设计和决策投资方案并签署项目投资协议

在该环节，地方产业引导基金委托代理机构要结合投资对象的实际情况，以最合理的投资方式为企业初创阶段和发展阶段注入资金。最为普遍而又理想的资金注入方式莫过于股权投资。在资金注入的过程中，产业引导基金委托代理机构要对企业现有股权进行全方位的评估，以此来确定股权投资的合理比例，同时明确产业引导基金与企业所享有的权利和必须履行的义务。但是，该环节不免会伴有潜在的法律风险，因为在股权投资协议的签署过程中，并不能高度明确双方所享有的权利和必须履行的义务，从而可能导致一系列纠纷的产生。除此之外，一些企业为了尽快获得股权投资，甚至会做出一些不利于企业长远发展的承诺，这样不仅会给企业在初创期和发展期造成一定的损失，还会使产业引导基金运行的全过程受到严重的不良影响。

（二）投资中期风险

在将资金顺利投入企业之后，委托代理机构和基金管理总负责人要持续跟进企业初创阶段和发展阶段的经营情况，这也是产业引导基金全面提升增值服务的一种重要表现。另外，地方产业引导基金资金投入的对象往往都是新兴行业内部处于初创期和发展期的企业，这些企业会面临较大的经营风险。例如，在初创阶段，企业会存在治理结构不够完善、组织结构不够健全、管理工作不够到位等问题，在财务和人力资源管理方面也面临较大的压力。由以上企业在初创期面临的困境不难看出，资金是影响企业发展的一个基本因素，其他诸多方面也会对企业能否顺利度过初创期产生重要影响。

对处于发展期的企业而言，投资中期的风险主要体现在管理风险方面。在地方产业引导基金模式构建与运行的过程中，投资对象往往都是重点行业和新兴企业的创新型中小企业，这些企业在发展中通常会将核心资源交由核心成员管理，这些核心成员也是企业管理团队的基本组成部分。在地方产业引导基金运行过程中，对这些企业完成投资之后，委托代理机构不仅要对其产品和经营模式进行全面考察，还要将其核心团队的构成情况作为重要的考察对象。成熟的企业核心团队不仅需要有技术领军人才作为支撑，还需要有领导才能的管理人才作为关键组成，二者共同努力抵抗企业在各个发展阶段所面临的压力。但是，很多重点行业和新兴行业创新型中小企业在发展过程中往往会因为经营过程出现的各种问题导致核心团队人员不断流失，企业发展也会随之受到严重影响，从而造成产业引导基金在投资中期面临较大的风险。

（三）投资后期风险

从当前中国资本市场的运行情况来看，产业引导基金在投资后期所面临的主要风险通常只有一个，即退出风险。在投资项目实现市场价值增长、规模不断扩大、获得利益不断增加的情况下，投资机构退出投资往往相对较为容易，所选择的退出方式主要有五种：一是以首次公开募股的方式退出，这种退出方式是投资机构最为理想的选择，在理论上通常可以让投资的股权实现收益最大化。二是以并购的方式退出，也就是将投资企业的股权整体出售给另一个投资公司，这一退出方式是投资对象上市无望后投资公司较为理想的选择。三是以转售的形式退出，具体来讲就是将投资的股权转让给另一个投资公司。四是以分红的方式退出，这种退出方式适用于产业引导基金委托代理机构在投资项目中所获得的分红累计超过投入本金，投资回报已经达到预期，是否继续持有投资项目的股份已经不重要的情形，通常只用于短期盈利的投资项目。五是以选择性回购的方式退出，这种退出方式通常适用于投资项目获得一定回报的情况。产业引导基金委托代理机构可以以盈利水平不高为由，在管理层的强烈要求下按照协议将持有股权的溢价转让至管理层，但在投资项目处于非营利状态下时，产业引导基金委托代理机构的退出会受到严重阻碍，而该退出方式能为产业引导基金及时止损。

在投资项目市场价值未能得到增长、项目规模未能得到扩大、未能有明显的利益获得的情况下，退出风险主要体现在三个方面：一是强行回购退出，二是清算退出，三是权益转化。这三种被动的退出方式显然都会损害产业引导基金运行的可持续性，进而影响其他投资项目的资金投入。

二、投资各阶段存在的风险类型

在上文中，笔者已经针对地方产业引导基金运行过程中投资环节所存在的具体风险进行了明确阐述，但是并未针对投资环节各个阶段所存在的风险进行类型划分。接下来笔者将对其进行系统性分类，从而找出其存在的共性特征，以此为风险的有效控制夯实基础。

（一）系统性风险

系统性风险主要是指在产业引导基金模式构建、运行、发展过程中，由当地政府干预、经济环境变化、社会发展环境改变所带来的风险。产业引导基金产生系统性风险的原因有很多，主要体现在投资项目的外部。其中，企业往往作为市场经济的直接参与者，其作用较为直接，也会受到多种市场因素的影响。但企业自身并不能对这些影响因素进行有效控制，因此在经营与发展的过程中会产生一定的波动，而这样的波动往往会体现出周期性特征。

当前我国市场经济正处于转型升级与发展的历史新阶段，国家将加快产业结构调整视为区域经济发展的主要任务，并且在产业引导基金的政策方面不断进行完善、优化、调整，以此确保产业引导基金的构建、运行、发展能够拥有理想的政策环境。在这一阶段，经济发展的新动能还不能充分抵消旧动能，如不高度重视这一点，就会出现区域经济下行的局面。

当前，以互联网、高新技术、新型现代服务业为主体的产业经济无疑是中国经济发展新动能的核心，但其在中国经济的总体规模中所占的比重并不高，而传统制造业所呈现出的动能却在大幅度降低，在这种情况下产业引导基金会面临严峻的考验。在市场经济转型升级的过程中，一部分企业会遇到前所未有的发展困境，同时金融机构在资本运作过程中也会面临严峻的考验。对此，政府为了有效刺激市场经济的发展，会持续加强财政政策和货币政策的制定与出台，从而使大量货币进入产业引导基金。而在经济下行的局面之下，产业引导基金的投资效益会减少，导致产业引导基金所面临的金融风险不断提高。

（二）流动性风险

与政府为主体的公募基金相比，产业引导基金运行过程并不具备较高的流动性，一旦上市流通，在存续期内有限合伙人就不能随意撤资，以此来确保产业引导基金运行全过程始终具有持续性和稳定性，并且为产业引导基金委托代理机构准确做出投资决策提供有力保证。在产业引导基金运行的全过程中，基金并不能自由交易，所以产业引导基金在运行过程中的流动性风险也不能随时发生转移，只有在产业引导基金和社会资本持有期结束之后才能变现。

（三）管理风险

政府通常将财政资金交于委托代理机构进行产业引导基金管理，之后再由委托代理机构将基金内部的资金进行科学合理的投资，最后由投资项目去经营。这一过程伴有三层委托代理关系，而在每一层委托代理关系中都会有委托人和代理人利益目标不一致的风险存在，导致产业引导基金运行与管理的全过程不能做到资金的高效。除此之外，还会存在委托人和代理人信息不对称的风险。

从政府的角度进行分析，产业引导基金在管理模式中存在的风险主要来自将基金转交给委托代理机构的过程。一方面，政府将基金经过层层委托之后，对基金的监管难度无形中不断增大，很难做到充分把握基金投入具体项目之后的实际运行情况，也无法彻底避免委托代理机构与投资项目负责人之间形成违规操作，从而成为信息的弱势群体。另一方面，由于层层委托，政府必然会向委托代理机构支付一定的委托代理费用，成本风险也会随之增加。

从信息不对称角度进行分析，在产业引导基金运行与管理过程中，一旦发生交易双方信息和数量不对称的情况，优势一方就可借助信息进行获利，从而为产业引导基金运行与管理带来逆向选择和道德层面的风险。逆向选择风险主要产生在交易前期，由于交易双方所披露的信息存在不对称的情况，优势一方可利用所掌握的信息与另一方签订利己契约，这样就会导致弱势一方产生明显的事前风险。如果政府在设立产业引导基金初期所选择的委托代理机构并不具备丰富的投资经验和突出的专业投资能力，那么创投管理人的识别准度会大打折扣，或者由于所在地域具有的限制性因素较多，无法确保选择出理想的委托代理机构，这会给产业引导基金运行与管理全过程带来无法想象的风险。除此之外，政府作为产业引导基金运行与管理全过程中的信息弱势群体，也会存在委托代理机构利用产业引导基金寻租的风险。

道德层面的风险通常出现在交易发生之后，即信息优势一方不能全面履行协议中的具体责任与义务，从而给信息弱势一方造成事后风险。该风险来源于交易双方在交易过程中产生的利益冲突，交易双方为了谋求共赢会设计一套有关机制来解决这一冲突，在这一过程中就会产生更多的成本。在产业引导基金进行层层委托代理之后，委托代理机构和企业成为信息优势一方，而政府成为产业引导基金运行与管理全过程中的信息弱势一方。政府的最终目的是让财政资金和社会闲散资金进入重点行业和新兴行业，进而帮助孵化企业培育出更具发展潜力的新兴企业，以此来加快地方产业结构的转型升级。但是委托代理机构的最终目的是让资本收益率达到最大化，进而从中获得更多的利润。一旦政府不能为之提供有力的激励，委托代理机构就会倾向于对商业利益的追求，进而让政府无法选择具有长远发展条件的企业，这无疑会导致产业引导基金运行效果与设立之初的预期目标严重不符。

（四）法律风险

当前我国产业基金监督管理的运行模式以分业监管模式为主，即资质合规性监管。具体而言，在我国现有的金融法律体系中，相关法律法规都是以行业为主线确定的，而每一部相关法律都有一个专门的监管机构负责，进而形成一个完整的金融监管体系。就当前我国现行的基金监管体系而言，可以将其划分为三个层次：第一层次为国务院直属的证券监督管理机构，第二层次为中国证券协会直属的自律性组织，第三层次为证券交易所。在该监管体系运行的过程中，不同行业所依靠的法律保障以及监管措施存在一定的差异，而行业之间的监管并不能保证具备高度的协调性，造成监管机构作用和性质重叠以及监管领域存在空白的情况。

自2014年起，中国开始出台金融领域相关法律。这一年中国证监会颁布了《私募投资基金监督管理暂行办法》，基金监管法律体系的建设与完善由此拉开了序幕。2016年底，国家发改委颁布了《政府出资产业投资基金管理暂行办法》，在产业基金募集以及投资运作和绩效评价方面做出了明确的法律规定。2022年，中国证监会颁布了《公开募集证券投资基金管理人监督管理办法》，明确了基金监管的范围与内容。结合这三部法律法规，可以看出中国证监会与国家发改委在基金监管的视角方面以及监管的侧重方向上存在明显的差异，给监管职责的划分和监管标准的明确性也带来了严峻的考验。

在产业引导基金构建、运行、发展的过程中，政府很难将资质合规性监管工作全面落实到位，所获得的信息极为有限，不能全面了解产业引导基金运行与发展的实际情况。这样不仅会给产业引导基金的运行与发展带来业务风险，这会降低监管体制的灵活性，重点行业与新兴行业发展的创新力也会受到严重影响。

（五）监管风险

当前，中国产业引导基金总规模已经达到 900 亿元人民币，但是从产业引导基金运行与发展的总体情况来看，还有一部分资金仍然处于静止状态，并没有投入重点行业和新兴行业，这也意味着其对重点行业与新兴行业发展的推动作用并没有实现最大化。究其原因，地方政府在设立产业引导基金时并没有明确其发展目标，而是将重点放在不断扩大产业引导基金的规模上，进而导致产业引导基金与当地经济发展水平以及重点行业和新兴行业规模不相匹配，最终出现产业引导基金无处投放的局面。

除此之外，各地方产业引导基金在构建、运行、发展过程中，在绩效考核体系方面还没有达到高度完善的状态，有些地方产业引导基金虽然进行了一定的绩效考核，但在绩效考核标准的明确性方面依然有待提升，绩效考核的方法和规划也缺乏技术性支撑条件，导致产业引导基金运行与发展的损益情况难以客观呈现，监管方面所存在的短板也随之出现。

另外，部分地方产业引导基金在运行与发展的过程中，往往只关心项目投资的初始阶段和收尾阶段，如基金管理人的选择和基金规模等，而不重视资金投入之后的监督与管理，导致产业引导基金运行与发展过程的管理本末倒置。我国地方产业引导基金已经逐步进入投资期和退出期，打造一套极为完善的产业引导基金运行与发展绩效评价体系无疑成为重点关注对象。

从政府角度分析，很多地方政府将产业引导基金列入地方公共财政考评体系，由财政部门进行监督、管理、指导，这会导致产业引导基金在资金投入方面受到严重束缚，也会导致产业引导基金内部部分资金处于闲置状态。这些都是产业引导基金在监督和管理方面所面临的风险。

三、地方产业引导基金运行过程中各投资阶段风险控制措施分析

本节的前半部分对地方产业引导基金全过程的各投资阶段存在的风险进行了明确阐述，以便为其有效地进行风险控制提供理想前提。接下来，笔者就以此为基础对地方产业引导基金运行过程中各投资阶段风险控制措施进行分析。

（一）投资初期风险控制措施分析

投资初期是地方产业引导基金对投资对象进行资金投入的准备阶段，其风险控制措施如下。

1. 筛选项目阶段

在产业引导基金构建、运行、发展过程中，项目筛选环节要始终坚持三项基本原则：首先，所参选的项目必须与子基金投资的方向保持高度一致，必须是重点行业和新兴行业范围之内的企业，并高于子基金投资标准。其次，要将投资项目的筛选作为产业引导基金市场化运作最为基础和关键的一环，其中的各项决策与分析活动都必须由专门的委托代理机构负责人和子基金管理人完成，政府仅充当确保投资项目与产业引导基金进行有效交流的一座桥梁，不能对委托代理机构和子基金管理人的决策与分析产生任何影响。最后，要高度明确产业引导基金作为推动产业全阶段和多产业发展的基金项目，基金投资既可以包括天使投资企业，也可以包括重点行业和新兴行业的创新型中小企业，还可以包括现代工业、现代农业、现代服务业、现代科技产业和文化旅游产业的有关企业。综合以上观点，产业引导基金在项目筛选阶段坚持以上原则可以

有效控制潜在风险。

2. 企业尽职调查阶段

产业引导基金在构建、运行、发展过程中，不会参与子基金投资过程的一切决策活动，在尽职调查阶段也会将所有工作交于委托代理机构有关负责人完成，其间也会事先与各子基金管理人进行协调。在企业尽职调查阶段，产业引导基金会对 GP 和 LP 进行全方位调查，调查的内容既包括曾经完成的投资项目，以及当前正在做的投资项目，也包括投资团队中的其他成员，由此对 GP 管理子基金的能力做出系统性评价。另外，在与 GP 合作的过程中也要高度谨慎。例如，产业引导基金在与其他基金合作的过程中，一般会将初始阶段的资金投入规模限制在 2 亿元人民币之内，运行状况稳定之后再扩大资金规模，这有利于产业引导基金降低与子基金合作期间尽职调查阶段的风险。

3. 签署协议阶段

产业引导基金在运行与发展的过程中合作的委托代理团队往往都是业内知名的律师事务所、会计师事务所等机构，这能对产业引导基金面临的法律风险起到有效的控制作用。

（二）投资中期风险控制措施分析

在产业引导基金的投资中期，政府及委托代理机构应对其进行风险管理方面的有效控制，因为每个地区现有的资本市场成熟程度并不高，企业对资本市场的熟悉程度还有待提高。地方产业引导基金在与普通合伙人合作的过程中，需要为投资项目提供完善的增值服务，这样方可增强产业引导基金和普通合伙人的资本市场能力，最终在退出程序中获得二级市场的高估值。

从另一个角度分析，各地方政府在确保重点行业和新兴行业的发展过程中，为其提供了较为理想的环境和便利的平台，如产业引导基金在运行过程中与诸多领域之间保持紧密联系，不断打造战略性互联互通示范项目，并签署了众多金融、物流、通信、人才交流方面的协议，从而为当地重点行业和新兴行业内的企业带来更多发展机遇。与此同时，政府也在积极参与并不断推动示范项目的运行进程。而产业引导基金委托代理团队通常都会看好投资项目未来的发展前景，也会在合作项目上市方面不懈努力，所以在战略性互联互通示范项目中，投资项目通常会成为签约合作的主要选择。

由此不难发现产业引导基金在运行过程比较看重投资对象的经营管理，其完善性和高质量会加快投资项目的成长步伐，还能有力地推动产业结构的升级调整，降低产业引导基金在运行与发展过程中的风险。

（三）投资后期风险控制措施分析

产业引导基金在投资后期所要面临的风险为退出风险，其原因在于在地方产业引导基金设立之时，一般专项基金的存续期往往为 5 年，而涉及重点行业和新兴行业的子基金存续期往往会延长至 7 年。对此，专项基金在投资后的 3 ～ 5 年之内就需要着手处理资本退出的有关事宜。

当前地方产业引导基金普遍已经进入正式募资和投资阶段，甚至还有一部分地方产业引导基金已经进入资本退出阶段，所以能否实现顺利退出成为当今产业引导基金在构建、运行、发展过程中关注的焦点。要确保投资后期风险得到有效控制，就要从以下两方面入手：

首先，要充分考虑投资项目的经营过程是否顺利，市场价值是否得到可持续增长。如果投资项目在经营阶段没有遇到较为严重的困难，经营过程总体顺利，市场价值能够实现持续增长，那么产业引导基金退出阶段的相关事宜会进展得比较顺利；如果投资项目的盈利情况并不理想，那么产业引导基金所属的子基金投资人就需要从二级市场寻找买家，而这通常难以实现，导致产业引导基金退出的过程面临诸多困难。另外，如果投资项目存在亏损情况，就需要在第一时间止损，这意味着产业引导基金有关管理者要事先制订出强有力的风险防范措施。地方产业引导基金设立的目的较为明确，就是为投资项目提供更为完善的增值服务和发展机遇，特别是在重点行业和新兴行业，投资项目在运行过程中难免会出现亏损的情况，而有效避免退出风险就需要在子基金普通合伙人的选择方面狠下功夫，以此来有效控制投资后期的退出风险。

其次，要充分考虑资本市场的成熟度，以及资本市场是否具有活力。众所周知，在成熟的资本市场中，股权交易过程中的买家相对较多，对企业股权的评估会保持客观公正，因此金融市场的流动性也相对较高，这显然为资本退出提供了有利条件，反之则不然。对此，在产业引导基金运行进入投资后期时，政府要对资本市场建设高度重视，可以设立股权交易中心，以此提高资本市场的活跃程度，为产业引导基金进入投资后期有效降低退出风险提供便利条件。除此之外，在战略性互联互通示范项目上，产业引导基金还要在多领域签署协议让更多的金融机构和社会资本进入资本市场，进而为其增添活力。

四、投资各阶段不同类型风险控制方法的措施分析

针对地方产业引导基金投资各阶段所存在的具体风险类型，有效制定具有针对性的风险控制措施是确保地方产业引导基金实现收益最大化的关键所在。在地方产业引导基金构建的全过程中，明确投资各阶段不同类型风险控制方法并对其进行有效分析则是关键中的关键。投资各阶段不同类型风险控制方法构成如图5-4所示。

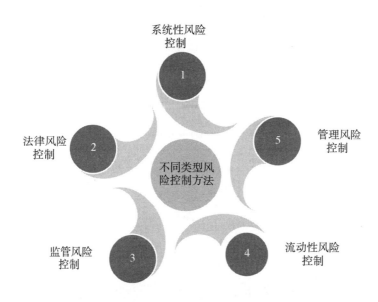

图5-4　投资各阶段不同类型风险控制方法构成

在地方产业引导基金构建的全过程中，必须对投资各个阶段可能遭遇的风险进行清晰的判断，还要对风险类型进行划分和分析，最终提出有效的风险控制方法。在这一过程中，有效地对风险控制方法的措施进行分析是关键的一环。

（一）系统性风险控制措施

产业引导基金在设立、运行、发展的过程中，必须明确有些风险并不能消除，只能将其不良影响降到最低。其原因在于产业引导基金的设立、运行、发展是以政府为主导，拥有相关的优惠政策。不仅国家会为产业引导基金营造较为理想的运行和发展环境，各地方政府也会根据重点行业和新兴行业发展的实际需要，为产业引导基金提供强有力的政策保障。

对产业引导基金的创业投资运行的全过程而言，必须第一时间了解并掌握市场发展的动态，还要根据经济发展趋势，对资金投入比例进行有效控制，让其具备随时止损的条件。在此期间，如果出现系统性风险，可以随即采取相应的风险控制措施，避免损失进一步扩大。因此，各地方产业引导基金在普通合伙人的选择方面，应该由具有高度专业性和丰富成功投资经验的团队进行产业引导基金管理。

另外，地方政府要始终致力于打造理想的资本市场环境，以确保产业引导基金的投资项目高效运行。我国已经在重点行业和新兴行业广泛建立起战略性互联互通示范项目，产业引导基金为示范项目的高质量运行提供资金支持。在此过程中，产业引导基金的运行与发展需要得到更为广泛的社会资金，包括海外资金的支持，所以建立一个开放的金融市场，并且为其提供强有力的政策支撑，让重点行业和新兴行业中的有关企业得到更多的资金是明智的选择，这有利于产业引导基金和投资项目降低所面临的系统性风险。

（二）法律风险控制措施

产业引导基金在设立、运行、发展的全过程中面临的最大法律风险就是监管的多重性和相关法律法规的不完善性。纵观当前我国地方产业引导基金运行管理所取得的研究成果，其普遍指向产业引导基金对法律风险的规避和防范，以及在有效规避和防范风险的过程中，对将产业引导基金运行全过程的"募、投、管、退"四个领域进行的全面尽职调查。与此同时，产业引导基金还要加强对优质律师事务所、会计师事务所等机构的筛选，并与其建立良好的合作关系，以此确保在设立、运行、发展的过程中始终能将法律风险降到最低。

（三）监管风险控制措施

在地方产业引导基金设立、运行、发展过程中，市场化运作是最基本也是最关键的要求，但是各地方产业引导基金市场化运作的过程却存在明显的差异。具体而言，重点行业和新兴行业的产业引导基金与一般的产业引导基金的运行过程明显不同，后者主要是以让利和补贴的形式进行，而前者主要是与 LP 共同获得收益、共同承担风险。其中，政府财政资金不仅要推动地方重点行业和新兴行业的高质量发展，还要强调能够从中受益，而这也在无形中为 GP 提供了一项额外的绩效考核指标。

由于地方产业引导基金在设立、运行、发展过程中既对收益有所期待，也对促进重点行业和新兴行业发展有着明确的要求，地方产业引导基金在设立时对 GP 有着较高的要求，通常会选择规模和行业背景突出的 GP 作为选择对象。但是，当前地方产业引导基金在设立时并没有在目的性方面加以明确，通常会将资金规模作为选择 GP 的主要视角，这会导致地方产业引导基金管理存在一定的片面性，而明确地方产业引导基金设立、运行、发展的双重目的是有效控制监管风险的有力措施。

（四）流动性风险控制措施

地方产业引导基金在有效控制流动性风险的过程中，应将两方面作为重要着眼点：首先，要全面加强地方产业引导基金委托代理机构的市场化运作，让财政资金和子基金在符合退出条件的情况下，能够同时确保投资人和投资项目利益最大化。财政资金要作为地方产业引导基金的核心部分，在 LP 的定位方面就必须具有高度的专业性；子基金要作为产业引导基金的重要组成部分，投资预测和决策就要由普通合伙人来完成，政府不能参与其中。其次，要全面建设具有多层次性的资本市场。要以地方股份转让为主体，全面打造具有高度创新性的融资平台，以及股权定价的基金培育平台，有效改善创新创业型企业融资难、公众投资方向难以准确把控、政府难以引导和管理的局面。此外，还要积极打造战略性互联互通示范项目，不断加强协议的健全性，为重点行业和新兴行业战略融资提供便利条件，不断拓宽企业战略融资渠道，不断降低企业成本。

（五）管理风险控制措施

第一，避免由信息不对称造成逆向风险的出现。这就需要地方产业投资基金在管理制度的制定方面以及管理体制的构建与运行方面达到高度市场化。其原因在于在地方产业引导基金运行的全过程中，宏观管理工作和市场运作分别属于不同的范畴，所以必须分别明确管理与运行过程中的主体。产业引导基金在全面运行的过程中，要与选定的基金管理人通过合作的方式共同设立专项基金，并且根据地方政府的政策性引导进行投资运行，这样才能确保运行过程中的投资大方向始终是正确的。其间，母基金与子基金出资人之间要保持平等，不仅要享有同样的权利，还要肩负同样的义务，使资金的到位率能够保持同步，真正实现既能共同获得收益，也能共同承担风险。子基金在运作过程中，要始终坚持市场化这一基本原则，其实质与私募投资基金之间存在一定的共性；以证监会所提出的相关要求为基准，在所有权、管理权、委托权方面保持高度的独立性，在投资与退出方面要有专门人才从事有关工作。在该运行模式下，产业引导基金运行全过程中的各项决策都由委托代理机构负责，政府只享有主导权，不参与运行与管理工作，由此方可确保产业引导基金的收益达到最大化，使基金投资过程的风险降到最低。

第二，避免由风险不对称造成道德风险的出现。地方产业引导基金在运行的全过程中，必须全面加强对资金管理人资质的限制。具体而言，我国在基金管理方面已经做出明确的规定，即在引导基金进行合作对象的选择的过程中，必须采用公开招标的形式，并且对提出招标申请的基金管理人设置了一系列条件，既包括其基金管理的专业性，还包括其基金管理工作的从业经验和社会影响力；要求参与投标的基金管理人必须具备一定的成功投资和管理的经验，即成功投资和管理总额≥5亿元人民币。除此之外，基金管理人注册资金要≥2000万元人民币，同时在两年之内自身收益较为理想，总体收益水平不能低于行业平均回报率等。

以上准入门槛可以确保产业引导基金委托代理机构保持高度的专业性，并且能够对运行过程中的潜在技术风险进行控制；同时能充分保障产业引导基金委托代理团队自身的行业声誉，降低产业引导基金在运行过程中的道德风险。

第三，避免由信息不对称造成政府财政资金效用降低风险的出现。产业引导基金在运行的全过程中必须明确子基金的注资要求。在我国金融法律法规体系中，对基金管理有着具体的法律规定，明确要求子基金的资金注入与母基金保持 1：2 或 1：3 的比例，同时在子基金所在地域和投资比例方面还有其他明确限制，主要包括三方面：其一，投资项目必须是在规定行政区域之内的企业；其二，投资项目的资金规模不能高于投资项目股权的 30%，同时专项投资项目的资金规模要保持在基金总额的 20% 以内；其三，在对投资项目进行投资的过程中，子基金之外的社会出资总额不能少于 1000 万元人民币。设定这些限制条件的原因非常简单，那就是社会资本投资的目的在于对产业引导基金产生良好的社会影响，并且通过与政府之间的合作确保所承担的风险最小化，同时政府的财政资金杠杆效应能实现最大化。另外，我国金融领域关于基金管理办法的相关法律已经明确产业引导基金要与其他子基金的到位率保持同步，收益的获得与风险的承担也要保持共同性。这些相关法律法规都要求产业引导基金对运行与管理的过程实施绩效评估。由于子基金的加入就是为了最大限度地实现商业目标，自身投资的安全性会直接影响其自身利益的获得，所以在基金市场化运行的过程中，子基金在投资过程中必须对投资项目进行全方位、多角度的考察，并进行客观深入的风险和预期收益分析，这样所选定的投资项目才会获得最大的收益，政府财政资金所呈现的杠杆效应才能够得到最大限度的发挥，最终使政府财政资金效用降低的风险得到有效控制。

五、地方产业引导基金构建与运行风险控制的建议

为确保在产业引导基金运行与发展过程中，政府财政资金的杠杆效应得到最大限度的发挥，我国地方产业引导基金在风险的有效控制方面要注重以下六个方面。

（一）产业引导基金管理机构尽快完善管理制度体系

在产业引导基金运行与发展过程中，要实现监管风险的有效控制，确保资金全程专款专用，让政府财政资金的杠杆效应得到最大限度的发挥，就必须不断加强对委托代理机构和产业引导基金运行与发展过程的全面监管，要全面提高对子基金招募阶段的把关强度，严格遵循"公开化招募→专业协调→专家评估与审议→公示招募结果"这一流程，使各个环节更加公开与透明。

在合作基金管理人的选择方面，要将业内影响力较高、资金来源途径合理且拥有较多成功投资经验的资金管理人作为合作对象的主要选择。另外，还要明确资金管理人自身在基金管理方面存在哪些情况不使其能被列入选择对象范围，从而使地方产业引导基金投资项目的选择以及退出交易和退出业绩更加理想，让产业引导基金为地方重点行业和新兴行业发展提供有力的保障。

（二）明确产业引导基金的投资方向和投资阶段

在地方产业引导基金运行模式的构建过程中，风险控制要坚持从根源入手这一基本原则，由此方可保证所采取的措施更加具有针对性，并做到从根本上杜绝或减少风险所造成的危害。明确投资方向和投资阶段是地方产业引导基金的重点关注对象，也是当下乃至未来地方产业引导基金的风险控制需要关注的焦点，具体建议如下：

第一，地方产业引导基金在设立、运行、发展的过程中，要以政府财政资金为杠杆，吸引更多的社会闲散资金进行正确投资，让重点行业

和新兴行业能够拥有充足的资本供给，从而让完全依靠市场配置所造成的市场失灵情况得到有效改善。在这一过程中，显然并非将提高基础设施和二级市场业绩作为主要目标。地方政府需要对当地重点行业和新兴行业的基本构成与发展水平进行全面考察和分析，根据其实际发展状况明确产业引导基金的投资原则，并结合国家在金融领域所出台的相应法律法规，明确产业引导基金使用的负面影响因素，进而确保地方政府产业引导基金始终保持专款专用。

第二，各地方政府要明确产业引导基金设立的过程中，政府财政出资的比例和投资时机的选择。毋庸置疑，地方产业引导基金在设立、运行、发展的过程中，通过政府的引导和带动作用，让更多的社会资本进入国家重点行业和新兴行业，为其初创和发展提供强有力的资金支持，其间政府财政资金发挥着重要的杠杆作用，而不是要对投资项目的股权进行控制。

第三，要始终明确资金投资方向。众所周知，地方产业引导基金在运行和发展过程中让资金进入政府大力发展的重点行业和新兴行业，在不影响基金委托代理机构进行市场化运作的前提下，为投资项目和委托代理结构的有效衔接架设桥梁，进而确保地方产业引导基金的资金流向始终与国家经济与社会发展的大方向一致。

（三）适时启动引导基金绩效考核工作并引入专业的投后管理系统服务

早在 2008 年，国务院办公厅就下发了《国务院办公厅转发发展改革委等部门关于创业投资引导基金规范设立与运作的指导意见的通知》，明确规定产业引导基金运行的具体情况要纳入国家公共财政考核体系，并且财政部等部门要为之建立有针对性的和完善的监督管理体系，同时确立相关考核制度，确保国家能够对产业引导基金的战略目标、引导效果、损益情况进行定期评估。

2015 年 11 月，财政部出台了《政府投资基金暂行管理办法》，明确指出省、市、县财政部门要针对政府投资基金建立完善的绩效评价制度，同时要以"年"为周期，对基金政策的目标实现情况以及基金在投资项目中的运行情况进行系统性评价，并高效运用绩效评价结果。在之后的几年中，国家政策相继对产业引导基金的绩效评价工作进行强调，由此不难发现产业引导基金的使用已经引起国家的高度关注。

我国各地区自 2014 年开始纷纷设立产业引导基金，很多产业引导基金已经完成了一个投资周期，但是在运行全过程中体现出的短板也较为明显，主要表现在政府财政资金和子基金退出阶段，如何确保产业引导基金绩效评价工作的高质量进行也成为关注的焦点。其中，根据绩效评级所反馈的结果，对政府出资的规模和频率，以及相关的配套政策和激励制度进行有效调整成为全面提高产业引导基金使用效率、全面促进重点行业和新兴行业高质量发展的关键所在，这有助于建立一套引导效用较强的产业引导基金绩效考核体系。

（四）进一步明确产业引导基金监管的权责归属

地方产业引导基金在运行与发展道路中，必须将法律风险的有效控制视为重中之重，既要做到深入贯彻和落实相应的法律法规，还要做到全面执行地方产业引导基金的监管条例，从而确保地方产业引导基金监管工作既能避免真空环节的存在，又能避免监管职能重叠的现象出现，由此提高地方产业引导基金的监管效率。

（五）加强产业引导基金的退出机制建设

地方产业引导基金在运行与发展的各个阶段都会面临流动性风险，稍有不慎就会导致产业引导基金在运行过程中产生无法预估的亏损。对此，政府要全面加强资本市场的多层次体系构建。从当前我国资本市场发展的总体水平来看，虽然经济与社会发展速度正在不断提升，但是资本市场依然集中在中小企业，这也导致中小企业在转型期和发展期需要面对较大的融资压力，特别是在重点行业和新兴行业，中小企业所面临的融资压力更大。对此，政府要大力拓展海外交易市场，并不断完善新三板进入机制与退出机制，进而让更多的重点行业和新兴行业中小型企业可以得到培育的机会，最终达到有效降低投资者风险的目的。

（六）贯彻引导基金的市场化运作

就当前乃至未来地方产业引导基金运行与发展的大趋势而言，市场化运作无疑是科学、合理、有效的运行方式，而运作的全过程对管理工作有着较高的要求。对此，在全面提升地方产业引导基金运行与发展水平的过程中，委托代理机构需要具有较高的专业水平和业务能力，能够针对投资对象在初创阶段和发展阶段遇到的融资问题给出具体解决方案，进而让优质的社会资本能够进入行业发展体系，形成一种行业发展新业态。

第六章　地方产业引导基金绩效评价体系构建

绩效评价是全面提高工作质量的有力抓手，所以各领域在谋求可持续发展的过程中普遍将绩效管理放在重要位置。特别是在战略性新兴产业全面深化落实的背景下，地方产业引导基金要高质量地运行与发展就必须将绩效评价作为运营管理的重要组成部分。本章就以此为中心，对地方产业引导基金绩效评价体系构建路径进行系统性论述。

第一节　地方产业引导基金绩效评价体系构建原则与思路

随着时代发展步伐的不断加快，战略性新兴产业已经在全国范围内得到广泛落实，这对地方产业引导基金运行与发展提出了严峻的挑战。对此，要全面确保地方产业引导基金在当今乃至未来社会始终保持高质量发展的态势，就必须将地方产业引导基金绩效评价作为运营管理的关键。地方产业引导基金绩效评价体系的构建必须有一套完整的绩效评价原则和思路作为支撑。

一、地方产业引导基金绩效评价体系构建原则

地方产业引导基金应该基于 SMART 原则来设计绩效评价体系。

S 指的是明确性。在设计绩效评价体系时，要选择具有明确性的指标，指标所要评价的具体内容应该是清楚明确的，不要过于概括或含糊不清，以免影响指标的考核。为了让绩效评价顺利进行，应该选择能够让参与绩效考核的人员明确知道评价目的和评价标准的指标。

M 指的是衡量性。在设计绩效评价体系时，要选择可以量化的指标，能够通过一个明确的标准来衡量指标的完成情况。

A 指的是可实现性。在设计绩效评价体系时，要选择在实际工作中

可以实现的指标，充分考虑到地方产业引导基金运行的整体情况，善于参考主体对各项指标的意见，以避免设计的指标难以实施或过于容易实施。确保所制定的各项指标均具有可行性。

R指的是相关性。在设计绩效评价体系时，要选择具有关联性的指标，指标本身应该与具体工作紧密相关，指标间也应该相互联系。

T指的是时限性。在设计绩效评价体系时，要为相应的指标设定一个完成期限，根据项目的紧迫性和重要性，确定具体的工作进度，并定期对各项指标的完成情况进行评价，以了解地方产业引导基金运行的具体情况。

二、地方产业引导基金绩效评价体系构建思路

首先，应根据国务院办公厅关于地方产业引导基金绩效评价考核的有关指导意见，结合各地方产业引导基金运行的实际情况，通过专家访谈等调查方式，筛选出合适的绩效评价指标。然后，应向有关专家发放绩效评价指标权重调查问卷，通过层次分析法对指标权重进行科学计算，构建出基于平衡计分卡的地方产业引导基金绩效评价体系。最后，应对地方产业引导基金运行的整体情况进行系统性和客观性评价，并通过对绩效评价结果的分析找出地方产业引导基金运行中有待完善的工作程序。这样不仅可以提升地方产业引导基金运行的规范程度，还可以提高地方产业引导基金的利用效率，为其始终处于可持续发展状态提供有力保证。

第二节 地方产业引导基金绩效评价指标体系模型构建

在战略性新兴产业全面深化落实的进程中，有关政策的提出与落实为地方产业引导基金运行与发展带来严峻挑战，所以在地方产业引导基

金运行管理绩效评价工作中，绩效评价指标体系的构建应该将监测作为基本导向，并以此为立足点科学选取绩效评价指标，由此方可保证绩效评价结果能够推动地方产业引导基金高质量运行与发展。以下就对地方产业引导基金绩效评价指标体系模型构建的基本路径进行系统论述。

一、绩效评价关键维度和绩效指标构建原则

在地方产业引导基金绩效评价指标模型的构建过程中，应做到与战略性新兴产业全面深化落实这一时代背景保持高度契合，所以科学合理地构建出绩效评价指标模型就成为地方产业引导基金绩效评价体系构建的一项重要任务。在这一过程中，要明确战略性新兴产业导向下的地方产业引导基金绩效评价的重要维度，以及绩效评价指标体系构建的基本原则，这样才能确保绩效评价工作能够有效引领地方产业引导基金运行与发展的具体方向。

（一）目的性原则

地方产业引导基金绩效评价指标选取的依据应来源于绩效评价的对象与目的，即各层绩效评价指标的选定要体现地方产业引导基金的发展目标。所以，地方产业引导基金绩效评价指标体系的构建要结合战略性新兴产业的政策导向。在绩效评价指标选择的初期，要对战略性新兴产业政策出台的初衷进行深入解读，明确国家制定战略性新兴产业的目的就是全面促进新兴行业发展质量的提升，而地方产业引导基金要充分发挥杠杆作用，科学合理地控制其成本，力求全面提高政策引导和战略性新兴产业投资对象的满意程度，从而彰显地方产业引导基金的政策导向价值和资金服务价值。对此，地方产业引导基金在日常运营与发展过程中，必须适应战略性新兴产业有关政策，其绩效评价指标必须满足战略性新兴产业全面落实对地方产业引导基金提出的要求，这样才能确保地方产业引导基金绩效评价能够成为科学衡量地方产业引导基金管理方式

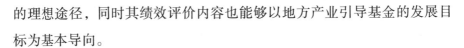
的理想途径，同时其绩效评价内容也能够以地方产业引导基金的发展目标为基本导向。

（二）科学性原则

在全面开展地方产业引导基金绩效评价工作时，必须从实际出发，确保绩效评价结果有据可查。这就需要在进行绩效评价体系构建时必须高度遵循科学性原则，否则绩效评价的过程会与地方产业引导基金日常运行的实际情况不相符，使绩效评价结果的客观性与准确性难以得到保证。具体而言，如果绩效评价过程与地方产业引导基金日常运行的实际情况不相符，绩效评价工作的运行会比较艰难，并且运行结果不具备研究意义。所以，在进行绩效评价指标的筛选和确定的过程中，应根据地方产业引导基金日常运行的实际情况，通过科学的方法进行绩效评价指标的筛选和权重的设置，以此确保地方产业引导基金绩效评价工作的顺利进行，使其结果能够为各项研究工作的开展提供重要依据。

（三）具体性原则

地方产业引导基金绩效评价指标的选择必须遵循具体性原则。因为对于一些概念相对较为抽象的评价指标而言，在选择的过程中必须对指标本身的概念进行明确，使其具体化，这样才能使评价指标的数据更便于获取，更方便评价指标的计算，从而使其在绩效评价体系中具有较强的实用性。其间，应避免不必要的信息呈现在绩效评价指标的内涵之中。这就需要在进行评价指标体系构建时将具体、非抽象的绩效评价指标作为选择对象，从而确保绩效评价体系运行过程具有较强的可操作性。

（四）可比性原则

该原则在地方产业引导基金绩效评价指标体系构建中主要体现在同一时期内能够将评价指标进行横向与纵向比较。根据该原则，地方产业引导基金绩效评价指标体系的构建应立足于绩效评价指标的量化可比。

基于此，在进行地方产业引导基金绩效评价指标的选择过程中，要尽可能将可量化的绩效评价指标作为选择对象，这样才能保证绩效评价指标所传递的信息和数据具有可比性。在战略性新兴产业全面深化落实的背景下，地方产业引导基金绩效评价指标的量化可比性较高也是其具体优势的基本体现。经过对同一时期地方产业引导基金绩效情况的横向比较，以及不同时期地方产业引导基金内部绩效情况的纵向比较，其结果能够充分分映出绩效评价的作用和意义，能够推进地方产业引导基金不断深化改革，达到国家所提出的具体要求，而这也是地方产业引导基金保持高质量发展状态和达到可持续发展目标的必备条件。

二、评价对象特点分析

由于地方产业引导基金所处地区的不同，其在功能定位方面会存在明显的差异，因此在绩效评价指标的选择上也会存在明显不同。即使通过相同的绩效评价指标对不同的产业引导基金进行绩效评价，在绩效评价水平方面也会呈现明显的差异性。所以，地方产业引导基金在运行过程中实现绩效评价结果的高度客观性和准确性的关键就是根据绩效评价对象的自身特点构建绩效评价体系，不能简单套用其他基金绩效评价指标体系对当地产业引导基金进行绩效评价。

在这一过程中，先要明确绩效评价对象日常运营的基本特点，并以此为基础全面识别地方产业引导基金发展目标，根据这一发展目标与地方新兴行业发展政策导向，层层确定绩效评价指标，这样才能确保绩效评价结果能够客观反映出地方新兴行业未来的发展，同时建立起适用度较高的绩效激励模式。

（一）地方产业引导基金运行的高水平性

根据中国现行的地方产业引导基金分类标准，地方产业引导基金泛指为当地提供高质量政策导向与资金扶持的基金，通常具有政策与资金

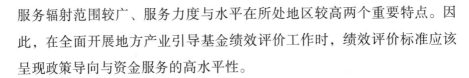

服务辐射范围较广、服务力度与水平在所处地区较高两个重要特点。因此，在全面开展地方产业引导基金绩效评价工作时，绩效评价标准应该呈现政策导向与资金服务的高水平性。

（二）地方产业引导基金类型的多样性

地方产业引导基金的作用范围较广，产业引导基金类型的设置会包括新兴行业所涵盖的所有产业，在服务对象方面也呈现出了全面性的特点，所以地方产业引导基金往往是综合性的基金项目，与地方单项基金相比，在作用范围方面更能体现出系统性和全面性，能够最大程度地满足所在地区高新技术创新型企业发展的基本需求。在产业引导基金类型的设置方面，其通常会包括电子、信息、生物、新材料等方面的产业引导基金。由于绩效评价具有对不同基金类型进行打包分解的特性，所以绩效评价更适用于地方产业引导基金的运行与管理，在单项基金范围内使用并没有明显的效果。

（三）地方产业引导基金功能定位的多维性

在地方产业引导基金的发展过程中，"功能定位多维性"这一特点通常体现在政策性引导和资金服务两方面。因为地方产业引导基金通常都是所在地区比较具有影响力的基金，其社会影响力普遍较高，所以其不仅肩负着保障产业发展的任务，还肩负着推动中国战略性新兴产业高质量发展的任务。因此，在全面构建地方产业引导基金绩效评价模型的过程中，既要从国家赋予地方产业引导基金的功能要求角度出发，又要对各项功能在绩效评价中所占比例和权重进行合理设置。

三、维度识别

在科学构建绩效评价指标模型之前，首先要全面、深入解读战略性新兴产业和地方产业引导基金绩效评价的有关文献和政策，并分析有关研究成果，同时还要知道与地方产业引导基金相关的具体工作内容。这不仅能为地方产业引导基金绩效评价模型的构建提供理论依据，更能为其科学性与合理性提供重要保证。除此之外，还要与该领域专家、学者保持密切沟通，以直接的方式了解地方产业引导基金绩效评价的现实情况，从而确定地方产业引导基金绩效评价指标体系构建的侧重点。在这里，专家访谈对象既应包括国家新兴行业领域的专家，也应包括地方产业引导基金管理领域的专家，访谈专家数量不能过多，更不能过少，通常保持在 10 人左右。最后，要将专家访谈的结果进行全面收集与整理，将经验较为丰富的专家在地方产业引导基金绩效评价方面所提出的观点进行归纳，为科学构建地方产业引导基金绩效评价指标体系提供重要的经验支撑。

在地方产业引导基金绩效评价指标体系构建的过程中，要根据理论研究的成果和专家访谈所提供的信息，将战略性新兴产业有关政策实施的目的传达下去，进而确保绩效评价工作的全面开展，通过经济学原理的有效运用，全面实现政府、企业、地方产业引导基金三方的共赢。在此期间，必须考虑战略性新兴产业相关政策全面实施的目的在于有效提高地方产业引导基金服务质量、运营效率、资源配置的合理性，因此在选择绩效评价指标的过程中要与上述目的之间保持高度的契合。与此同时，还要充分考虑国家对地方产业引导基金绩效考核所设定的具体维度，即运行质量、运行效率、持续发展。投资对象满意度这一维度的绩效评价指标通常以定性指标的形式存在，其原因在于这一指标难以获取和测量，并且该维度与服务质量、运行效率、持续发展三个维度之间存在密切的因果关系。所以，在地方产业引导基金绩效评价指标体系的构建过程中，要根据维度的可识别性，从服务质量、运行效率、持续发展三个维度入手构建地方产业引导基金绩效评价指标体系。

（一）地方产业引导基金服务质量维度

在地方产业引导基金绩效评价指标体系的运行过程中，应用的原理在于通过经济学领域中的杠杆作用来引导新兴行业全面进行管理方案的科学设计，让不合理的地方产业引导基金运行的耗费情况能够得到有效控制，这对地方产业引导基金运行的成本控制起到积极的激励作用和促进作用。但是，这并不意味着在绩效评价指标体系的运行过程中没有任何短板存在，如地方产业引导基金委托代理机构为了避免预算超支情况的出现，会将基金运行的天数进行缩减，让其加快更新换代的步伐，或者减少投入较高的基金的数量，这会对地方产业引导基金的服务质量造成直接影响。为了有效避免这些潜在风险的出现，在绩效评价指标体系运行过程中，要全面加强对地方产业引导基金服务质量的管理，这样才能确保地方产业引导基金运行过程能够与基金设立的初衷保持一致。

对提供服务的主体而言，尤其是委托代理机构本身，服务质量是地方产业引导基金绩效评价指标体系构建的一个基本维度，例如，委托代理机构作为向全社会提供产业引导基金的主体机构，专业性和主导性特点较为明显，其最为基础的价值体现就是向各个行业提供高质量的服务。

地方产业引导基金的服务质量通常由其服务水平、服务能力、服务的规范性、服务过程的安全系数决定，所以在测量地方产业引导基金运行的服务质量这一维度的过程中，需要立足地方产业引导基金能够为各行业提供服务的基本能力、向各行业提供有关服务时的行为规范性，以及提供有关服务过程中的行为安全性三个方面。这三方面能够让地方产业引导基金运行过程中的绩效评价工作的全面开展拥有较为坚实的基础，同时能使绩效评价结果反映出地方产业引导基金所提供的有关服务能否满足各领域的市场需求。

（二）地方产业引导基金运行效率维度

从地方产业引导基金可持续发展的角度而言，运行管理无疑是一项至关重要的工作，也能为其未来的发展指明方向。这项重要工作与绩效评价指标体系中的效率维度形成了呼应，所以战略性新兴产业的全面实施会给地方产业引导基金运行管理机制的全面落实带来一定的冲击力。具体而言，在国家新兴战略全面实施的背景下，地方产业引导基金运行效率维度主要体现在对地方产业引导基金向新兴行业提供的相关服务是否具有经济性进行评价，这能够让服务产出与资源投入之间的关系拥有一个明确的标准，而评价结果本身也能够充分说明地方产业引导基金能否在当今社会背景下继续运行下去。如果这一指标不能得到高度重视，那么在收入远小于支出的情况下，地方产业引导基金服务质量的提高和可持续发展目标的实现将会失去支撑条件。

在构建地方产业引导基金运行效率维度的评价指标的过程中，应关注以下两方面：一是在向新兴行业提供定量服务的过程中，将成本最小化，这也是成本指标所在；二是在地方产业引导基金资源一定的前提下，通过优化资源配置的过程提高地方产业引导基金的服务质量和能力，这也是产出指标所在。这两项指标要作为该评价维度的二级评价指标。在战略性新兴产业全面深化落实的背景下，地方产业引导基金在全面提高服务质量并保持良好发展状态的过程中要将成本控制作为关键，全面加强成本核算和成本控制工作，这样才能确保地方产业引导基金资源配置的合理性得到不断提升，同时对地方产业引导基金运行质量的全面提高起到重要推动作用。在这一过程中，地方产业引导基金需要面对战略性新兴产业全面实施所提出的各种严峻挑战。

（三）地方产业引导基金持续发展维度

在当今新兴行业飞速发展的时代背景下，确保地方产业引导基金与新兴行业发展的全面融合为焦点，也是当前地方产业引导基金在发展过程中研究和探索的主要方向。与传统的地方产业引导基金管理模式相比，将绩效评价应用于地方产业引导基金运行过程中能够体现出诸多优势，具体表现就是其对质量和成本维度的检测效果较为理想。不可否认的是，地方产业引导基金绩效评价指标体系的运行容易造成委托代理机构未能对成本和费用进行控制，让一些耗费较高的基金项目难以得到落实。这样不仅会导致新兴行业所涉及的有关企业在初创阶段以及发展阶段难以得到政策方面的帮助，更会导致其在经营过程中难以获得资金保障，进而使地方产业引导基金在基金类型的丰富性方面很难实现突破，这显然与地方产业引导基金绩效评价的初衷相违背。所以，地方产业引导基金绩效评价指标体系的构建必须将持续发展维度建设视为重中之重。

地方产业引导基金运行的服务质量维度将重点放在了地方产业引导基金为新兴行业提供服务的能力，以及提供服务过程的规范性与安全性上。而地方产业引导基金运行效率这一维度将重点放在了地方产业引导基金的运行成本最小化上。但地方产业引导基金的可持续发展需要有多维功能定位，其中前沿探索和人才队伍建设无疑是确保地方产业引导基金实现可持续发展的两项重要指标。

在持续发展维度中，可以对地方产业引导基金类型的设置进行系统化评估，评估结果会促进地方产业引导基金进行基金结构的有效调整；也可以通过采用一定的针对性措施，对个别类型产业引导基金运行的时间和投入进行合理控制，这不仅有助于地方产业引导基金有效提升自身的运行能力和促进经济效益的最大化，更有利于地方产业引导基金进行精细化管理。特别是在当今社会，地方产业引导基金的科学性和研究水平成为优胜劣汰的根本，全面加强基金类型建设和骨干人才的培养工作已经成为地方产业引导基金顺应时代发展趋势的关键所在。因此，在全面探索地方产业引导基金可持续发展道路的过程中，要针对持续发展这一维度开展系统性评价，这样不仅可以促进地方产业引导基金服务能力的全面提升，不断增强其核心竞争力，更能确保地方产业引导基金运行质量的可持续提升。

四、地方产业引导基金绩效评价指标体系模型构建

结合地方产业引导基金的具体特征，其绩效评价指标体系模型如图 6-1 所示。

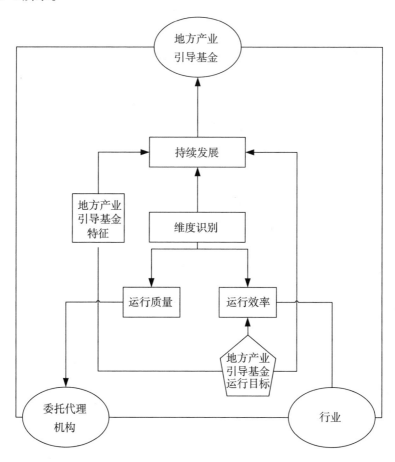

图 6-1　地方产业引导基金绩效评价指标体系模型

（一）地方产业引导基金运行质量指标

在绩效评价指标体系模型应用的初始阶段，主要从三个维度开展绩效评价工作，其中共涵盖 6 项核心评价指标，即运行难度值、基金组数、基金权重、时间消耗指数、费用消耗指数、低风险退出率，每个核心评价指标的含义如表 6-1 所示。该绩效评价指标体系显然具有一定的粗放性，这能够使其具有横向可比性。但不可否认的一点是，该绩效评价指标体系也存在固有的局限性。

表6-1 地方产业引导基金绩效评价指标体系

绩效评价维度	绩效评价指标	绩效评价指标的含义
质量	运行难度值	地方产业引导基金运行过程中的技术难度水平
	基金组数	地方产业引导基金覆盖的基金类型范围
	基金权重	经过风险调整之后的基金运行过程总产出
效率	时间消耗指数	投资同类型企业所用的时间
	费用消耗指数	投资同类型企业所需消耗的资源
安全	低风险退出率	低风险状态下基金退出的概率

投资对象在接受地方产业引导基金的过程中，通常关注地方产业引导基金运行过程能为自己提供怎样的服务，以及地方产业引导基金自身的运行质量如何，这显然与投资对象的利益直接相关。但在实际操作中，无论通过怎样的绩效评价模式进行评价，都不能全面而又准确地将地方产业引导基金运行质量的高低，以及投资对象享受相关服务的程度的高低反映出来。

以安全维度的绩效评价为例，传统模式下的绩效评价通常以"退出率"作为评价指标，而对地方产业引导基金的运行与发展而言，绩效评价则是以"低风险退出率"作为评价指标。将二者进行比较不难发现，后者的绩效评价结果显然更加具有科学性。可是从实践层面来讲，单纯通过"低风险退出率"评价地方产业引导基金运行过程的安全性并不合理，因为该项指标本身所具有的敏感度相对较低，评价的视角也过于片面，并不能对地方产业引导基金的运行起到重要的引导作用。

因此在安全维度中，"中风险基金"被作为绩效评价的又一关注对象，"中风险退出率"被作为新的绩效评价指标，这使固有的绩效评价指标得到调整，绩效评价结果的客观性和基金运行的引导性得到加强。另外，虽然在全国范围内对地方产业引导基金运行安全性还没有实现定量分析，但高质量的地方产业引导基金所提供的服务有着较高的安全性，能够最大限度地避免运行差错的出现，所以安全性指标应该隶属于运行质量维度。

运行质量评价指标主要包括3项二级评价指标，即运行过程的服务能力、运行过程的规范度、运行过程的安全性。运行过程的服务能力主要体现在运行时的服务水平上，是投资对象能够获得政策和资金服务的总体概括，也是地方产业引导基金运行能力的具体呈现。其中"基金组数"指标的含义是地方产业引导基金整体覆盖投资行业的数量，是地方产业引导基金收支比例覆盖基金类型范围的具体表达，也可以将其称为基金服务的广度。"基金权重"则是对地方产业引导基金为投资对象提供政策和资金服务总量的集中反映，也是地方产业引导基金运行服务能力评价的重要标准之一。另外，地方产业引导基金涉及的基金类型越多，运行难度值越高，地方产业引导基金类型的复杂程度越高，体现出的地方产业引导基金的服务深度越高。基金运行难度值占比则是针对地方产业引导基金内部结构的评价，这也是地方产业引导基金服务难度的具体呈现。在这两项指标的计算过程中，通常会用到地方产业引导基金投资对象总数和其他相关数据，而在计算其他绩效评价指标的过程中，则需要将退出数据作为主要选择，而这五项三级绩效评价指标均能对地方产业引导基金的服务能力进行客观体现。

地方产业引导基金规范绩效评价指标的含义是在资金注入的过程中委托代理机构和投资人所采取的行为的规范程度。在战略性新兴产业全面实施的背景下，银保监会和证监会在基金管理方面所提出的要求会发生改变，这会对地方产业引导基金管理人员和地方产业引导基金服务提供者产生较为直接的影响。具体而言，在当今时代发展的背景下，地方产业引导基金的激励机制也会随之发生变化。同时，地方产业引导基金为了有效地进行成本控制会出现不规范操作的现象。这显然与战略性新兴产业实施的初衷不相符合，更不利于地方产业引导基金的可持续发展。所以，地方产业引导基金在进行科学有效的成本控制的过程中，要高度重视运行的行为规范性，避免上述现象的出现。该项绩效评价指标应包括3项三级绩效评价指标，即信息能否按时披露、风险能否得到有效控制、相关程序是否合规。

如果出现安全等级不高的运行行为，就会导致企业在使用地方产业引导基金所提供的资金的过程中出现资金链断裂的情况，甚至会导致较高的经营风险，这不仅会增加企业资金使用的风险，也会造成地方产业引导基金的社会公信力降低。对此，运行安全这一评价指标应包括投资对象的满意度、投资对象的投资回报率、投资对象的数量增长率等。

（二）地方产业引导基金运行效率指标

运行效率维度的绩效评价指标主要包括成本控制和资源效率两项二级评价指标。前者以地方产业引导基金的既定成本为依据，将构成地方产业引导基金运行成本费用的众多要素进行有效规划，并且加以科学的限制和调节，及时调整其存在的偏差，进而对超出费用预算的部分进行有效控制，将所提供服务的全过程的实际消耗控制在预期计划之内。后者主要针对所提供有关服务的全过程的耗材成本和费用成本进行有效控制。"成本控制"指标应该包括4项三级绩效评价指标，即相关程序的合规性消耗指数、基础性文件准备消耗指数、相关程序高效性消耗指数、风险控制能力消耗指数。

"资源效率"这一评价指标的含义为用实践衡量地方产业引导基金资源利用效率，该二级绩效评价指标应包括2项三级绩效评价指标，即时间消耗指数和费用消耗指数。在绩效评价工作中，地方产业引导基金要在同类基金运行过程中对时间和费用的消耗进行有效控制。在该评价指标的使用过程中，要以基金运行时长作为时间消耗指数评价的重要依据，还要结合在基金运行过程中所产生的费用消耗指数对地方产业引导基金总体运行效率进行评价。例如，在对A和B两个同类型地方产业引导基金进行绩效评价的过程中，将其时间和费用消耗作为评价指标来判断地方产业引导基金的总体运行效率。如果A基金运行的时间明显长于B基金，并且在运行过程中所产生的费用也明显低于B基金，那么可以充分说明A基金的运行效率明显高于B基金，A基金的运行效率指标相对较为理想。如果A基金虽然运行时间方面明显长于B基金，但是运行过程中所产生的费用明显高于B基金，那么可以充分说明A基金虽然时间消耗指数评分相对较高，但是费用消耗指数评分较低。通过指标权重加权绩效得分之后，可以将两个同类型基金的总体运行效率进行排名。这样的绩效评价方案可以更加准确地计算出究竟哪个基金在资源利用效率方面能够达到国家所提出的有关要求。以下笔者就根据"时间消耗指数"和"费用消耗指数"2个三级绩效评价指标，将地方产业引导基金运行效率象限图加以呈现，具体如图6-2所示。

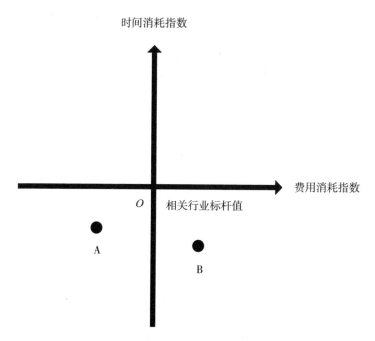

图6-2　地方产业引导基金运行效率象限

　　A点处于第三象限，所呈现出的是一种"双低模式"，即无用的时间消耗和费用消耗较低的模式，这样的产业引导基金运行效率能够达到国家所提出的有关要求，也符合战略性新兴产业全面实施所提出的效率要求。但从当前地方产业引导基金运行的总体情况来看，不难发现处于第四象限的B点虽然在费用方面消耗相对较大，但是在无用时间方面的消耗较少，这样的运行模式往往被广大地方产业引导基金所青睐。然而，在战略性新兴产业政策导向下，以这一模式进行地方产业引导基金运行效率的管理，会对地方产业引导基金的运行造成一定的使用隐患，所以在绩效评价指标体系的构建过程中，必须以绩效评价指标体系所赋予的赋分标准为重要依托，将费用消耗指数和时间消耗指数设置成低优型绩效评价指标，在经过绩效评价之后能够对地方产业引导基金运行过程的服务行为产生倒逼作用，进而有效对其成本进行控制。

（三）持续发展指标

在地方产业引导基金可持续发展道路的建设过程中，以持续发展维度进行绩效评价能够对地方产业引导基金人才队伍整体专业水平和科技创新能力的全面提高起到积极的推动作用，带动地方产业引导基金形成"产教研"一体化发展格局，形成地方产业引导基金高质量运行局面。对此，该维度应该包括3项二级绩效评价指标，即人才团队建设、专业声誉、科研成果。

由于人才团队建设能够对地方产业引导基金在运行过程中及时发现优秀人才，并且更好地适应战略性新兴产业起到关键作用，因此必须将其作为地方产业引导基金绩效评价指标体系的重要组成部分，以此有效激励地方产业引导基金学科带头人不断完善自身专业能力和专业素养，积极主动参与进修学习活动。该项二级绩效评价指标还应包括3项三级绩效评价指标，即骨干数量、学科带头人数量、从业人员进修情况，从而让绩效评价结果能够及时弥补地方产业引导基金在战略性新兴产业全面实施过程中存在的短板。

专业声誉这一绩效评价指标能够对地方产业引导基金项目建设的整体水平，以及在该项目领域的实践操作水平做出更加客观的评价，确保投资对象能够在最短的时间内确定自己在经营过程中存在的短板，并且能够以最快的速度找到有效弥补的途径。所以，地方产业引导基金应该将其作为一项重要的绩效评价指标。战略性新兴产业政策导向下的绩效评价应建立地方产业引导基金之间相互比较的标杆，这样能够引导地方产业引导基金项目的建设与发展。基金项目建设的三级绩效评价指标应该包括三项内容：一是退出地方产业引导基金的投资人选择其他地方产业引导基金的比例，二是专业声誉排名情况，三是地方产业引导基金特色项目开展情况。

科研成果往往能够对地方产业引导基金运行的整体水平做出客观评

价，所以也应作为地方产业引导基金绩效评价指标体系的重要组成部分。这一绩效评价指标不仅能够为地方产业引导基金的未来发展提供有力的科研支持条件，而且能够不断加快基金项目建设的步伐，所以基金项目的整体运行水平和专家的知名度往往可以造就地方产业引导基金的口碑，也能够为研究课题以及后续的研究成果提供重要的说明。此外，培养既能掌握高水平管理技术，又能胜任相关科研工作的管理型人才是地方产业引导基金保持可持续发展态势的又一关键因素。其中，科研成果所涵盖的三级绩效评价指标应该包括 3 项，即获得厅级和市级二等奖及以上奖项数量、发表高水平学术论文数量、省部级及以上课题研究数量。

第七章　各地区的产业引导基金案例

2002 年中国金融领域首次出现了产业引导基金，并且对行业发展起到了政策引导和资金支持作用。随着时间的推移，当前产业引导基金已经在全国范围内得到广泛设立。其中，不乏产业引导基金设立、运行、发展成果较为显著的城市，这些成功案例对地方产业引导基金的全面优化乃至新兴行业的高质量发展都具有重要的借鉴意义。各地区产业引导基金经典案例组成如图 7-1 所示。

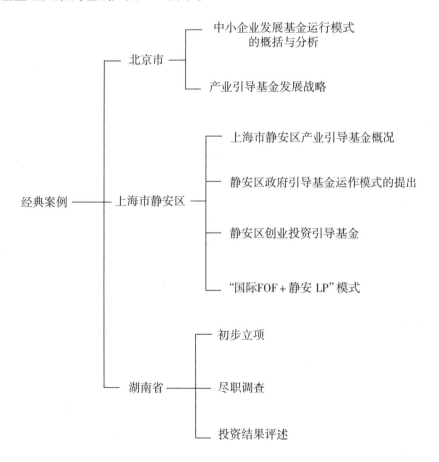

图 7-1 各地区产业引导基金经典案例组成

全国范围内经典的产业引导基金模式分别来自北京市、上海市静安区、湖南省，它们在实际的运行过程中之所以能取得较为显著的成果，其根本原因在于每个运行模式的构成都极具系统性。本章各节内容就分别针对北京市、上海市静安区、湖南省产业引导基金案例进行深入分析。

第一节　北京市中小企业发展基金运行模式

北京市不仅是中国的首都，也是中国北方地区的金融中心城市和科技创新城市，其在地方产业引导基金的设立、运行、发展方面积累了丰富的经验，并且能够对该市新兴行业的高质量发展起到至关重要的推动作用。接下来笔者就对北京市中小企业发展基金运行模式进行全面分析。

一、北京市中小企业发展基金运行模式的概括与分析

随着战略性新兴产业的全面提出及深化落实，北京市在深挖地方经济新增长点方面起到了模范带头作用，在强调全市战略性新兴产业高质量发展的同时，打造高新技术产业集群化发展的局面，在地方产业引导基金模式的构建与运行方面不断进行积极的探索。

（一）北京市中小企业发展基金概要

由于北京市在全国的行政功能、文化功能、科技功能等，其在产业引导基金模式的构建与运行方面与其他一线大城市之间存在着明显差异，因而其在引领新兴行业的高质量发展，特别是在中小企业发展基金的运行模式方面，充分体现出明显的"北京特色"。具体来讲，北京市产业引导基金模式所辖的中小企业发展基金运行模式主要由三部分构成。

第一部分，用于中关村创业投资的引导基金。中关村作为中国北方科技创新的核心地带，新一代互联网、移动通信、卫星应用、生物健康

等产业汇聚于此，所以中关村被称为"北方新兴行业的中枢"，也是"晴雨表"。因此，该项产业引导基金能够体现出鲜明的地域特色。该项产业引导基金早在 2001 年就已经创立，也是全国范围内第一只产业引导基金，其运作过程的主体是产业投资发展中心。该项产业引导基金的主要资金来源为中关村管委会的资金投入，其利用种子资金、跟进投资、参股创业投资等运作方式，让产业引导基金得到科学合理的运作，为中关村近两万家高新技术企业的发展提供了强有力的资金支持。

第二部分，用于海淀区创业投资的引导基金。该产业引导基金成立于 2006 年，其运行过程得到了海淀区政府的大力扶持，基金总体规模为 5 亿元人民币。该项产业引导基金的运行主要针对该区处于初创期的创业型企业，为之提供基金引导，并且确保创业型企业在发展初期能够拥有强大的资金保障，也让海淀区闲散资金能够得到充分整合和高效利用。

第三部分，用于北京市中小企业创业投资的引导基金。该项产业引导基金成立于 2008 年，基金总体规模为 8 亿元人民币，其始终高度坚持专款专用的原则，让资金杠杆作用能够得到最大限度的发挥，确保政府资本和社会资本高度融合，满足北京市中小型企业在创业阶段的资金需求。

通过以上对北京市中小企业发展基金的概括，可以看出无论是用于中关村创业投资的引导基金，还是用于海淀区和北京市中小企业创业投资的引导基金，都是北京市产业引导基金的基本组成部分，只是作用对象存在明显的地域性差异，能够对北京市新兴行业发展格局的科学调整起到资金扶持作用，同时使政府资金和社会闲散资金实现了充分整合和高效利用。

目前，北京市高尖端产业引导基金数量保持着逐年递增的态势，2018 年北京市政府向公众公开的新兴行业产业引导基金的数量已经多达

17 只，总体规模更是达到了 187 亿元人民币，在之后的 3 年内，无论是新兴行业的产业引导基金数量，还是基金总体规模，都在逐年递增。特别是在 2022 年，北京市政府在产业引导基金的发展过程中，将高尖端产业作为政府基金补贴的重点关注对象，并将其视为产业引导基金发展的关键。

另外，通过对北京市中小企业发展基金基本构成的具体解读，还可以看出当前北京市产业引导基金运行与发展的全过程始终将科技创新作为重要的着力点，当前已经有超过 20 个基金项目得到立项，基金总体规模更是达到了 254 亿元人民币，其中不乏企业并购基金、企业股权基金、各区政府和社会整合基金、项目型基金，对全市科技创新产业又好又快发展起到了强有力的基金引导作用和资金扶持作用。

（二）管理机构条件

北京市主要有三只产业引导基金，主要用于促进新兴行业中小型企业的发展。在运行过程中，每一只产业引导基金都结合自身使用的对象进行具体考虑，所以在管理机构的具体条件方面不尽相同。

对中关村创业投资引导基金而言，在该基金的运行过程中，管理机构由北京市政府直接委派，即中关村科技园区管委会，其结合园区内创业型中小企业投资需要，对该基金的运行过程进行直接管理。为确保该基金在运行过程中能够满足园区内创业型中小企业发展过程中的现实需要，园区管委会负责人在上级主管部门的指导下，对具有长远投资价值的创业型中小企业给予政策层面和资金层面的大力扶持，无论是政策层面的扶持还是资金层面的扶持都源于园区管委会的政府资金。具体操作则是通过互联网进行公开征集，并且对征集到的企业逐一进行专家评审，确定具有长远投资价值的创业型中小企业之后，向其了解发展过程中的具体需要，并为之提供充足的参股资金，确保其在创业阶段和发展阶段始终有充足的资金用于企业运作。

从北京市海淀区创业引导基金可以看出该基金的主要管理机构为海淀区政府及其所辖的直管部门。该基金的主要管理方式是政府与该引导基金主管部门通过协调区域产业经济发展，不断加大对区域内部创业投资企业的综合扶持力度，从而确保该产业基金能够让区域新兴行业获得较大的发展空间，并且能够保持较快的发展速度。而在实际的运行过程中，政府和有关主管部门为创业型企业提供的扶持条件往往并不局限于政策方面，更多的是资金方面的扶持，从而为新兴行业内部中小型企业的未来发展提供有力的资金保障。在新兴行业创业型中小企业发展的过程中，海淀区政府和该引导基金主管部门展现出了较强的政策与资金扶持能力，并且在所扶持的新兴行业创业型中小企业资金投入的稳定性方面有着不俗的表现。

北京市中小型企业创业投资引导基金在运行过程中对北京市新兴行业发展的全局进行考虑，而管理机构自然是北京市政府，管理方式是统筹管理。另外，北京市地处中国华北地区，也是中国北方经济中心城市，所以在社会经济条件方面不仅具有较高的稳定性，也有着较为广阔的发展空间，因此市政府和该基金有关主管部门的条件也相对理想。在该基金的实际运行过程中，北京市政府能够针对新兴行业内的创业型中小企业在创业阶段的具体发展需要，为符合扶持条件的企业提供合理的股权投资。

结合当前北京市所处地理位置和政府的基本职能，不难发现北京市政府引资和融资能力较强，有着较为雄厚的经济基础，产业引导基金更是具有非营利性的特点，因此该基金本身的引导性较为突出。另外，北京市政府为了确保产业引导基金运行过程实现与新兴行业创业型中小企业之间的直接对接，与市中小企业服务中心建立合作关系，确保投资对象能够以便捷的途径获得发展资金。其间，该服务中心代表北京市政府向新兴行业创业型企业进行投资，并且参与到该产业引导基金运作管理的全过程中，成为全市新兴行业创业型中小企业投资管理工作的指定机构，以参股投资的方式为这些企业提供强大的资金保障。

（三）政府职责

北京市在全面促进产业引导基金发展，为所辖区域内创业型高科技中小企业提供良好的资金扶持的过程中，将履行职责视为重中之重，以此确保产业引导基金能够更好地服务创业型高科技中小企业的长远发展，让新兴行业在社会经济发展中能够发挥较大的推动作用。各级政府在履行其职责的过程中主要侧重以下几方面：

第一，有效确定种子基金、跟进投资、参股创投企业的比重。产业引导基金的资金来源是否科学直接影响基金发展是否具有可持续性，直接影响新兴行业的未来发展前景是否光明。北京市政府在建立和发展产业引导基金的过程中深刻意识到这一点，明确强调在种子基金、跟进投资、参股创投企业的比重方面保持合理性。具体操作是通过政府线上公开征集和专家评审的形式，科学筛选产业引导基金，在明确政府所选定的产业引导基金参与企业的数量和具体企业之后，还要对企业进行跟进式的调研，由此确保参与产业引导基金的企业能够具备推动产业引导基金发展的能力，为全市创业型高科技中小企业提供充足的资金保障。

第二，各级政府部门在社会闲散资金的整合过程中，实现社会资本的系统化甄别和筛选。在北京市中小企业发展基金运行的过程中，由政府主导的社会闲散资金的整合工作无疑是关键，整合过程是否有效直接影响社会资本注入后的产业引导基金的发展走向。所以，北京市各级政府充分考虑社会闲散资金整合过程中存在的潜在风险，在发展产业引导基金的过程中将规避这些风险作为一项重要职责，确保社会闲散资金整合过程能够成为政府资本的有效补充，为区域内创业型高科技中小企业提供良好的资金来源。

第三，根据辖区内的具体规划需求，对产业引导基金进行准确的宏观定位。在北京市产业引导基金运行的过程中，各级政府必须确保全市、海淀区、中关村创业投资引导基金的运行过程始终对创业型高科技中小企业起到强有力的政策扶持和资金扶持作用。在产业引导基金的实际发展过程中，要确保对产业园区发展整体规划的客观认知，明确其发展规划的具体方向、目标、内容，并且有针对性地进行抽样调研，从中了解所辖区域产业园区发展规划与企业发展的实际需要是否相匹配，使产业引导基金在推动投资对象实现又好又快发展的过程中保持产业引导基金发展的规范性和有效性。

第四，明确有关直管部门的监督与审核职责。各级政府有关直管部门对产业引导基金的运作全过程进行全面的监督与审核，在确保各项管理工作落实到位的基础上，最大限度地满足基金在各个发展阶段的具体需要。除此之外，还在发挥产业政策的引导作用方面不断加大投入力度，专门设立了产业引导基金管委会并加强对产业引导基金的政策性干预，而并非通过委托代理机构来处理该项工作，这样能够在宏观层面实现对产业引导基金的有效调整和控制，力求托管机构在中心不偏离的情况下形成对产业引导基金的资助管理。一旦出现各级政府有关直管部门直接干预或过度干预托管机构日常管理工作的情况，各级政府就会对相关社会资本运作负责人进行直接问责，同时社会资本运作负责人也可通过提出书面申请的方式把基金承包给各级政府，进而避免政府部门的过度干预。

（四）投资定位

就产业引导基金运行的全过程而言，政府发挥着宏观引导和调节作用，所以产业引导基金必须根据运行过程中的具体需求取向，明确投资定位，北京市中小型企业发展基金运行模式也是如此。当前，北京市在不同区域范围内都有产业引导基金存在，所以也存在不同的投资定位。就中关村创业投资基金的运行过程而言，该基金的投资对象集中于电子信息技术产业和网络通信技术产业所辖的中小型企业，还包括具有广阔发展前景的电子信息通信类中小型企业，以及从事有关集成电路研发与生产领域的中小型企业。该基金所投资的这些企业普遍有一个特点，即均处于初创阶段，并且将高科技产品作为主导产品，同时产品本身具备较强的市场竞争力，能够满足时代与社会发展的需要。

从海淀区创业投资引导基金的角度分析，该基金的投资对象也比较明确，即高新技术领域内的创业型中小企业，并且这些企业都处于初创期或者发展期，因为处于这两个阶段的创业型中小企业往往能够体现出较大的发展潜力和发展空间，在投资的过程中也会为其提供基金引导。在该产业引导基金发展的过程中，海淀区政府为了使该项基金能够切实满足投资对象在初创期和发展期的实际需要，最大限度地发挥放大效应和杠杆效应，进而形成了参股和委托管理两种基金运行模式，并且在基金发展过程中加以运用。就当前而言，海淀区创业投资基金在投资定位的选择上采用有限合伙与公司制相结合的方式，对所要投资的创业型中小企业的类别进行全面补充，进而保证在产业引导基金运行的过程中委托代理机构能够对其进行高质量管理，确保该产业引导基金始终处于理想的运行状态。

从北京市中小企业创业投资引导基金的运行过程分析，其在投资定位的选择上主要是为了让本身的杠杆作用达到最大化，进而确保社会闲散资金能够得到有效整合，最终投入新兴行业创业型中小型企业，让这些企业能够更好地度过初创期和发展期，其间资金投入的方式往往是股权投资。在该产业引导基金的发展过程中，为了满足全市新兴行业创业型中小企业发展对该项产业引导基金的具体需求，该项基金将其引导性和公开性作为重点进行深化。在基金投资对象的选择方面,其关注的焦点是与城市功能定位相一致,并且处于新兴行业范围内具有较大发展潜力的初创企业,以及正处于发展阶段的中小企业,具体范围主要包括科技创新型中小企业和创新创业型中小企业。另外,北京市政府在运行该产业引导基金的过程中,考虑到所出台的一系列相关规定,对参股创投企业的具体规模进行了明确的规定,这不仅有助于该产业引导基金的整体发展,也有助于科学控制企业参股创投的额度,避免基金风险的出现。

通过对以上观点的阐述,不难发现在北京市中小企业发展基金的整体运行模式方面,各级政府充分考虑所在区域发展的总体需要,进而形成较为科学、合理、准确的投资定位;虽然各级政府所采用的模式和方式存在一定的相似性,但是在侧重点上都保持高度的一致性,都集中指向具有发展潜力的中小型科技创新企业。

二、北京市产业引导基金发展战略

随着时代发展步伐的不断加快,北京市地方产业引导基金模式的运行与发展已经进入成熟期,其发展战略的合理性得到充分体现,对北京市新兴行业高质量发展起到了至关重要的推动作用,其成果的显著性更是毋庸置疑。北京市产业引导基金发展战略的基本构成如图7-2所示。

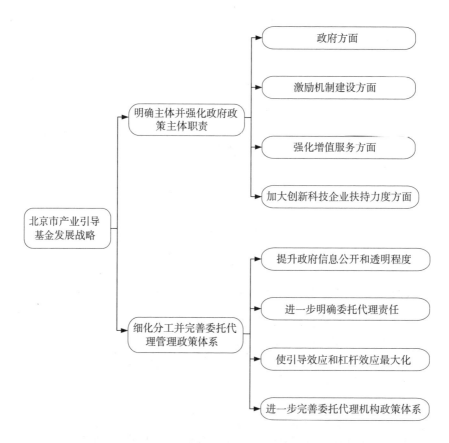

图7-2　北京市产业引导基金发展战略的基本构成

北京市产业引导基金在运行与发展过程中，始终以发展的可持续性为重要原则，不断强化发展战略的实施，以此全面引导北京市重点行业和新兴行业的高质量发展。下面笔者就对北京市产业引导基金发展战略进行具体说明。

（一）明确主体并强化政府政策主体职责

从当前北京市产业引导基金发展战略规划与实施的总体情况可以看出，北京市产业引导基金已经进入稳定发展阶段，虽然在新兴行业中小型企业投资方面取得的成果较为显著，但是在政府及有关部门与社会委托代理机构管理的协同性方面还需要引起高度重视，为后续取得更为理想的发展成果打下坚实基础。因此，北京市政府在进行产业引导基金发展战略调整与优化的过程中，更加强调政府在产业引导基金运行与管理中的主体性表现，并将其作为强化政府政策主体职责的重点关注对象，具体包括以下四方面。

1. 政府方面

为了进一步加快产业引导基金发展的步伐，充分满足北京市新兴行业中小型企业创业与发展的切实需要，北京市政府在制定产业引导基金发展战略的过程中，明确指出要极尽所能缩小区域之间新兴行业中小型企业的分布差异，确保经济环境和人文环境优势在推动区域产业经济发展的过程中最大限度地发挥作用。北京市政府充分考虑到各区域之间在经济环境和人文环境上存在的差异性，遵循科学性和适用性原则，明确各区域产业引导基金发展必须始终遵循固有的创投原则，以协同发展的方式建设区域产业引导基金。除此之外，北京市政府确保全市各区域新兴行业中小型企业在发展过程中都能获得所需要的投资，还在第一时间明确了产业引导基金运行与发展的主体，充分发挥政策在产业引导基金运行与发展中的引导作用，推动全市区域新兴行业中小型企业的协同发展。

2. 激励机制建设方面

人才战略是北京市产业引导基金发展战略的重要组成部分，其原因是高水平人才队伍建设是全面增强产业引导基金运作管理水平的核心。新兴行业的高新技术产业的发展难度较高，并且诸多企业正处于探索阶段，同时产业引导基金模式在新兴行业发展过程中的应用也正处于由起步向快速发展的过渡阶段，所以在产业引导基金运行与管理方面，高水平人才数量很难满足产业引导基金管理的切实需要。为了实现北京市产业引导基金的又好又快发展，北京市政府将加强新兴行业产业引导基金管理专业人才建设作为产业引导基金发展战略的重要组成部分，不断深化人才培养政策的落实，从而打造出一支专业化水平较高的产业引导基金管理队伍，为该基金运行与管理提供客观、及时、全面的信息反馈。

在产业引导基金发展的起步阶段，北京市政府采用加大教育培训投资力度的方式，切实为基金委托代理平台提供全面而又专业的人员培训，以此促进委托代理机构的产业引导基金管理水平的整体提升。而在产业引导基金进入快速发展阶段之后，北京市政府采用人才激励的方式，加大对该领域人才的吸引力度，为产业引导基金管理工作的高质量开展服务。与此同时，北京市政府还进一步加强政策层面的主体能力建设，确保人才政策的制定与出台能够满足产业引导基金健康、快速发展的切实需要。

3. 强化增值服务方面

目前，北京市各个行业的发展都需要高度关注增值服务的具体利用情况，产业引导基金的发展更要将增值服务的利用率作为重点关注对象。从当前产业引导基金发展的实际情况来看，政府在宏观调节与控制方面的作用还需要进一步加强，在产业引导基金管理方面还要进一步提升增值服务水平，进而不断提高产业引导基金对增值服务的利用效率，使产业引导基金能够在新兴行业投资方面保持高度的灵活性和能动性。

因此，在北京市产业引导基金发展战略的制定过程中，北京市政府充分关注产业引导基金委托代理机构增值服务能力的全面发展，其日常运行与管理的重点不仅体现在商务与财务能力上，更强调机构内部整体的人际关系和法律体系建设，进而确保委托代理机构在产业基金管理过程中充分彰显增值服务水平。另外，在产业引导基金的实际发展过程中，政府部门有意识地增强自身的组织、协调、控制作用，并通过系统化完善相关政策体系的方式，让产业引导基金的政府监管充分体现专业化和专家化，从而对委托代理机构有效运行产业引导基金发挥重要的指导作用，让创业投资和上市保荐对象选择始终保持高度的科学化，从而保证产业引导基金发展战略定位和规划具有高度的科学性，最终带动产业引导基金增值服务水平的全面提升。

4.加大创新科技企业扶持力度方面

北京市政府在制定产业引导基金发展战略的过程中，将不断加快创新科技产业的发展作为重中之重。从当前北京市产业引导基金发展战略制定与实施的总体情况来看，我们不难发现新兴行业中小企业引导基金已经进入稳步增长阶段，但是对新兴行业基础研究的投入力度依然有较大的提升空间，产业引导基金的政策效益和经济效益还有待进一步提升。对此，北京市政府在产业引导基金战略实施过程中不断进行战略性的调整与优化，强调政府在该战略制定和实施过程中的政策主体性，切实为新兴行业高新技术中小型企业提供政策与资金方面的扶持，推动科研基础设施的全面建设，以此带动北京市创新科技产业乃至全市经济的发展。

在此过程中，北京市政府以国家战略规划为根本依据，其产业引导基金的财政投入和引导作用始终与国家战略规划的宏观方向和具体要求保持高度一致，确保充足的全市新兴行业基础研究经费和基础研究设施。另外，北京市政府还在不断尝试设立更多的新兴行业中小型企业专项基金，并且在通过独立管理的方式避免基金运行风险的同时，让新兴行业中小型企业能够获得更多的政策效益和经济效益。

（二）细化分工并完善委托代理管理政策体系

从社会主义经济体制运行的特点出发，政府部门在市场经济管理体制的运行过程中以宏观调节和宏观控制为基本原则，并非对市场经济发展进行直接干预。对此，北京市在全面加快产业引导基金发展的过程中，将全面细化政府及有关直管部门的分工、优化委托代理机构的管理政策体系作为重点，从而将因委托代理机构日常运行和管理产生的风险降至最低。具体操作如下。

1.提升政府信息公开和透明程度

在产业引导基金运行的过程中，信息的公开性与透明性是全面提高该基金运行效率的重要保障，能够让更多创业型高新技术中小型企业在政策和资金方面受益，并使该基金的运行管理工作提升到新的高度。其间，北京市政府将舆论媒体作为主要的信息披露平台，加强社会公众的监督力量，并且要求委托代理机构进行合理的信息管控，确保有效消除信息披露和信息管控之间的信息不对称现象。北京市政府更加强调对道德风险的有效控制，加强对委托代理机构自身公信力的全面建设，让广大投资对象在创业投资成本方面打消顾虑。各级政府部门在进行委托代理机构的政策体系制定与优化的过程中，明确委托代理机构的相关责任，并在政策体系中规定业务部门必须将运作过程以报告的形式直接呈递政府有关直管部门，政府有关直管部门将其进行信息汇总之后上报至各级政府，最终各级政府通过舆论平台将这些信息向公众发布。这样既可以确保政府能够对产业引导基金运行项目进行有效的监督与指导，又可以确保公众对产业引导基金实现全方位监督。如果政府在委托代理机构进行绩效考核的过程中，无法满足委托代理机构在产业引导基金管理过程中的实际需要，政府则与产业引导基金委托代理机构的运行部门统一进行职能规划，以二次管理的形式来保障产业引导基金的良性发展。

2.进一步明确委托代理责任

产业引导基金的运行过程隐藏着一系列潜在风险，如果未能采取全面的措施对其进行防范，则会导致产业发展受到严重威胁，阻碍区域经济的发展。这就意味着一旦产业引导基金出现增值服务欠缺的局面，政府必须加强全面提升投资后续管理水平的意识。在此期间，各级政府和有关直管部门在有效强化自身产业引导基金管理能力及服务能力的同时，将激励考核与增值服务挂钩，从而确保产业引导基金增值服务水平的不断提升。除此之外，各级政府和有关直管部门同步履行监管职能，通过产业引导基金全链条监督和管理的方式，有效实现产业引导基金的科学控制和调整，让子基金和母基金的管理保持高度的综合性。政府全面加强应对产业引导基金委托代理机构潜在风险的能力，提高委托代理机构在信息披露过程中的信息对称性，让有关直管部门能够及时了解委托代理机构在产业引导基金运行与管理过程中的现实情况，让子基金中的潜在风险能够得到科学分摊，从而实现对产业引导基金风险的科学控制。对此，各级政府和有关直管部门在进行委托代理机构管理的过程中，不仅对委托代理机构关于财政资本实际管理需求情况的了解提出较高要求，还对担保人和最终责任人做出系统性限定，以此有效避免产业引导基金和社会资金混为一谈的局面。

3. 使引导效应和杠杆效应最大化

政府和有关直管部门采用财政资金和产业引导基金协调管理的方式，让二者的损失降到最低；全面加强产业引导基金运行操作的规范性，了解新兴行业发展的切实需求，让委托代理机构在管理政策和退出机制之间能够保持有效交接，以此确保管理政策的执行与优化能够贯穿产业引导基金运行的全过程。通常情况下，在政府和有关直管部门进行委托代理机构管理的过程中，政策体系的不断优化是一项关键性工作，因此北京市各级政府和有关直管部门将专业性人才培养作为产业引导基金运行全过程的重要组成部分，以此充分满足多层次资本市场体系的发展需求，确保产业引导基金运行与管理始终保持规范化。特别是在产业引导基金发展的初始阶段，必须结合资本市场体系建设与发展的具体需要，不断加强委托代理管理政策体系的全面优化，力求对北京市各区域市场发展形成综合性认知。

4. 进一步完善委托代理机构政策体系

委托代理机构政策体系的形成过程应遵循由浅至深的原则，同时还要立足北京市所辖区域发展的基本特色，对管理内容进行细化和梳理，并通过专业的审计团队对委托代理机构负责人和投资企业经营与发展情况进行检查，以此预防各种潜在风险的出现。这一战略措施虽然能够使产业引导基金在发展过程中具备有效的进入和退出机制，但并不意味着具备完善的引导基金准入要求，只是强调政府和有关直管部门与委托代理机构之间能够相互挂钩。因此，产业引导基金发展战略措施更加强调对引导基金准入门槛的明确，以确保准入规定和准入流程始终以层层筛选委托代理机构的形式，将优质的委托代理机构作为产业引导基金运行与管理的主体。其余未能通过准入门槛的委托代理机构则被一票否决，以免产业引导基金运行与管理出现不良状况。

需要关注的是，在进行委托代理机构管理工作的细化并制定相关政策体系的过程中，政府和有关直管部门要通过相互协作的方式，将其工作进行有效的分工，避免因相关委托代理机构的管理政策导致产业引导基金运行与发展出现风险。但从客观的角度出发，产业引导基金运行的全过程必然会潜藏风险，所以政府在制定委托代理机构管理政策的过程中要将环节风险的控制作为一项基本要求，让基金管理者的跟投比重合理增加，最终达到降低产业引导基金运行风险的目的。

第二节　上海市静安区产业引导基金运行模式

上海市不仅是中国华东地区重要的金融中心，更是国际上重要的金融中心，所以其在金融领域的发展速度极快，也设立了很多产业引导基金。上海为新兴行业所提供的政策引导和资金支持较为明显。其中，静安区产业引导基金运行模式极具代表性，本节就针对该区产业引导基金运行模式进行深入阐述，继而为各地方产业引导基金模式的深化调整以及各地方新兴行业从中受益积累成功经验。

一、上海市静安区产业引导基金概况

根据战略性新兴产业全面深化与落实所提出的具体要求，上海市在专业服务方面狠下功夫，力求以金融服务为重要抓手，全面推动上海市新兴行业的飞速发展。其中，静安区产业引导基金的设立、运行、发展具有一定的代表性，下面笔者就对此进行有针对性的概括。

（一）上海市静安区产业发展概况

静安区是上海市中心辖区之一，金融行业为该区支柱性产业。在国家新兴战略实施的过程中，静安区强调专业金融服务行业的全面发展，以此确保该区经济发展能够拥有新的增长点，并且为全国经济发展提供理想的金融环境。其间，新兴金融产业的发展无论是在速度方面还是在规模方面都取得了显著的成果，为全国新兴行业飞速发展起到了促进作用。上海市静安区产业发展整体概况如图 7-3 所示。

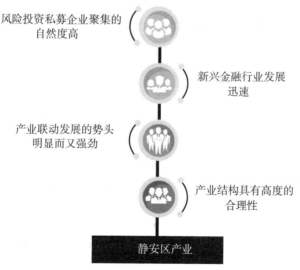

图 7-3 上海市静安区产业发展整体概况

静安区在产业发展过程中始终遵循合理化、创新化、可持续化发展的理念，形成了具有代表性的产业发展格局。接下来笔者就立足静安区金融产业，对其发展的基本情况进行概括。

1. 产业结构合理，现代服务业成为支柱产业

静安区地处上海市中心，地理位置优越，交通便利，商务配置具有高度的合理性，高档住宅和写字楼较多，且拥有浓郁的文化氛围和理想的金融服务环境，可见该区产业发展空间较为理想。当前，静安区产业结构调整已经基本完成，第三产业作为该区产业主体，包括专业服务业、房地产业、旅游业、文化传媒业，这也意味着具有区域特色的产业体系已经在静安区全面形成。专业服务业已经成为静安区的龙头产业，自2010年以来，专业服务业经济规模始终保持逐年上升的趋势，对静安区经济增长起到了至关重要的推动作用。

2. 产业联动发展，国际化、高端化特征明显

从当前上海市静安区产业结构的基本构成角度来看，商贸流通业、专业服务业、房地产业、会展旅游业和生活服务业是该区的支柱性产业。其中，专业服务业又下辖多个子行业产业，并且正在与其他行业产业之间保持紧密的互动，逐渐向商贸流通业和房地产业渗透，从而形成了一系列国际知名的商业品牌和国际商贸活动，对静安区产业经济又好又快发展起到了至关重要的推动作用。

另外，从当前静安区已经形成的经济业态来看，该区汇聚诸多跨国企业公司和国内知名企业总部，这些总部分别与上海金融服务机构和业务服务机构之间形成有效对接，形成了具有区域特色的"总部经济"。

在静安区经济发展过程中，对各类服务产品和金融产品的需求不断增加，进而加快了新兴金融行业的发展步伐，使新兴金融行业产业链不断整合与优化。例如，静安区潜心打造的众多商务环境在无形之中对国际顶级奢侈品牌以及高能级专业服务机构产生了吸引力，成为中国华东地区高端奢侈品牌和高能级专业服务机构的聚集地。中国高水平金融领域人才也汇聚于此，这无疑对该区高端金融行业的快速发展起到了积极

的推动作用，同时使该区在高质量发展过程中获得了诸多业态融通的机会，产业联动发展和国际化、高端化发展成为静安区产业经济发展的真实写照。

3. 新兴金融产业快速发展，成为经济发展的新增长点

金融业、投资管理业、咨询服务业是全面推动静安区专业服务业快速发展的中坚力量。在证券业发展的大力推动下，新兴金融机构相继出现，并且逐渐形成了全方位覆盖的专业服务业发展新格局。其覆盖的领域包括银行、证券、保险、财务、典当、小额拍卖和贷款等金融机构，这也是金融机构体系发展的直观体现。不仅国泰君安、光大证券、爱建证券等证券公司总部坐落在静安区，平安资产管理、凯雷投资公司、海富产业基金等金融企业也将发展重点放在静安区，为静安区新兴金融行业的快速发展起到了强有力的推动作用，并且成为静安区经济发展的新增长点。

4. 风险投资私募产业自然集聚，发展前景可观

对上海市静安区当前产业发展的总体情况进行深入分析，不难发现专业服务业的快速发展为私募基金提供了得天独厚的"优质土壤"，其中不乏大型股权投资企业为专业服务业提供资金，特别是外资机构成为静安区大型股权投资企业的重要组成部分，如美国凯雷投资和红杉投资以及新加坡淡马锡控股等企业的聚集地均为静安区恒隆广场。

在上述风险投资企业为静安区专业服务业提供证券、银行、会计、律师、咨询、评级等业务，在无形中加快了金融服务企业的聚集和发展步伐，极大地促进了静安区股权投资企业的发展。其中极具特色的企业莫过于外资律师事务所，其不仅聚集程度较高，还能为金融行业提供全方位的服务。

当前静安区产业经济的发展吸引了一批国内外知名的金融评级和鉴证企业，这为风险投资企业选择投资对象提供了客观、全面的保障条件，

如投资中国、清科集团等企业均将总部设在静安区。

从上述静安区产业经济发展所具备的优势条件中不难看出，与上海市其他中心城区相比，外资风投私募企业更倾向于选择静安区产业经济发展的大环境，使其自然形成风投私募基金汇集的局面。

（二）上海市静安区产业引导基金对投资基金及其基金管理人的基本要求

静安区产业引导基金设立的最终目的是让政府的财政资金能够最大限度地发挥杠杆作用，并且引导社会闲散资金充分进入商业服务、专业服务、文化创意、信息服务、金融服务等新兴重点产业，同时确保数字经济、大健康、平台经济产业能够得到高质量发展。在此过程中，要大力发展云计算、大数据、区块链、人工智能、物联网等新兴行业，形成产业发展的新业态、新模式、新技术，进而让静安区传统产业得到全面升级，成为全区新的经济增长点。

产业引导基金在运行与发展过程中，不仅要对投资比例进行科学控制，确保每只投资基金的投资比例不能超过产业引导基金投资总额的20%，投资总额的上限最高不能超出 5 亿元人民币。与此同时，在被投资基金及其基金管理人方面还要满足以下五个基本要求：

其一，投资原则方面。市场监管部门所在地必须是上海市静安区，同时要在上海市产业引导基金运行模式之内进行投资，投资的比例必须以上述要求为基准；资金应用的范围也必须是静安区新兴行业所辖的创业型中小企业，或者处于发展阶段的新兴行业创业型中小企业。

其二，基金规模方面。新股权投资的规模不能少于 2 亿元人民币，同时在初始阶段的出资总额不能少于认缴出资总额的 30%。

其三，投资的期限方面。被投资基金及其基金管理人的资金投入期限必须保持在 10 年之内，不得超过 10 年。

其四，投资基金的人力资源条件方面。投资基金必须具备专门从事资产管理的工作人员，并且数量不得低于 3 人，还要设有高级投资管理师等职位。

其五，投资领域方面。基金管理团队和管理人必须能够明确投资的具体领域，并且能够与静安区重点行业和新兴行业发展全面接轨。

（三）上海市静安区政府引导基金的设立宗旨、组织形式和运作原则

当前静安区经济总量在长时间的积累中已经形成较大规模，持续增长具有较大的难度。在支撑静安区经济高速增长的要素中，土地和投资等方面要素的作用逐渐弱化。另外，当今全球金融发展大环境并不平稳，上海市正处于中心城市建设新阶段，所以静安区经济保持长期的平稳发展自然要面对诸多挑战。静安区可供开发的资源正在逐渐缩减，必须从其他角度不断探索经济发展的新增长点。由于当前服务经济在该区所占比重相对较大，可供有效进行产业结构调整的空间正在逐渐缩小，产业转型升级的难度也随之不断增大。对此，在当前静安区经济发展的大环境下，应大力发展风险投资私募产业，加强政府的正确引导，带动该产业实现规模化和集群化发展，通过辐射效益最大化来带动该区重点行业与新兴行业高质量发展。

1. 设立宗旨

静安区产业引导基金的设立必须以有效引导重点行业和新兴行业资源聚集为目的，广泛吸收国内外优质资本，为静安区重点行业与新兴行业发展提供强有力的政策和资源服务条件。其间，要为产业引导基金设立、运行、发展提供理想的政策环境，让静安区风险投资私募企业能够获得较为理想的发展空间，让国内与国外风险投资私募企业能够在静安区内高度聚集，形成新兴行业发展的新高地。这样不仅能够彰显静安区作为上海市中心城区的经济发展特色，而且能够让该区在专业服务领域的优势得到长期保持。静安区产业引导基金的设立宗旨主要体现在以下五个方面：

其一，全面推进风险投资私募企业在静安区的高度聚集。在设立静安区产业引导基金的过程中，政府所扮演的"角色"在无形中发生改变，在选择资本持有的企业的过程中，化被动选择为主动挑战，拥有更大的优质资金选择空间，从而开创出产业集群化发展的局面，这也意味着静安区风险投资私募产业发展新高地的全面形成。

其二，确保对国内外优势资本的全面引导。在静安区产业引导基金设立的过程中，政府要最大限度地发挥引导作用，同时明确产业引导基金的运行与管理必须始终以委托代理机构为主体，强调市场化的运作过程，通过"两次放大"的方式将大量的社会优质资本源源不断地引入产业引导基金，让政府财政资金和国有资本的杠杆作用最大限度地彰显出来，并最终让更多国内外优质资本在静安区实现高度聚集。

其三，全面提高新兴金融行业的发展能级。在设立静安区产业引导基金的过程中，政府充分考虑到静安区金融行业发展的现有优势条件，在确保风险投资私募企业高度聚集的基础上，提高经济效益的带动性，让静安区会计审计、法律咨询与服务、企业评级和产业评估等专业服务业能够有更为理想的发展空间，从而全面提高风险投资私募产业对静安区新兴行业发展的贡献率。

其四，确保国有资本和政府财政资金的保值与增值。在静安区产业引导基金的资金组成中，政府财政资金和国有经营性企业出资是主体，其出资目的就是吸引更多优质社会资金和海外资金进入产业引导基金，为静安区重点行业和新兴行业的发展提供强有力的政策与资金支持。其中，有效规避和控制其运行过程中的风险，确保国有资本和政府财政资金的保值与增值是基本初衷。静安区产业引导基金可以作为一种低风险和长期投资的金融工具，有助于政府有效减少一次性资金投入，让更多优质社会资本作为项目投资主体，进而全面提高国有资本和政府财政资金的使用效率。

其五，培养出高水平的委托代理机构和高质量的新兴金融行业人才。静安区产业引导基金设立的根本目的是推进该区重点行业与新兴行业的高质量发展，但产业引导基金的运行过程需要有较为明确的发展理念和文化底蕴作为支持。这样才能确保产业引导基金委托代理团队的专业性得到全面提升，让产业引导基金的运行与发展更具长效性。因此，全面培养高水平的委托代理机构和高质量的新兴金融行业人才就成为该基金的设立宗旨之一。

2. 组织形式

产业引导基金是以政府为主导的专项资金，既强调资金本身的专款专用，又强调以股权投资的形式向投资对象注入资金。传统的政府专项资金投资通常都是以财政直接划拨款项的方式来实现预期目标，在组织形式方面并不需要进行专门化和系统化的设计。然而，在产业引导基金的投资采用的是股权投资方式，所以必须有一个投资主体来代表产业引导基金对投资对象进行投资。这就意味着产业引导基金在设立的过程中必须具有专门化和系统化的组织形式。

静安区产业引导基金可通过 FOF 的模式来设立，并且通过传统引导基金运行与发展的模式进行运行管理，以确保产业引导基金实现高质量发展，让产业引导基金为静安区重点行业和新兴行业发展提供资金和政策方面的服务与保障。其间，出资的主体要以政府财政资金为主，并以其他 GP 和 LP 作为重要补充，设立合伙制的股权投资企业或机构，采用 FOF 运行方式让专业的委托代理团队从事运行和管理工作，同时，在"融、投、管、退"四个环节保持操作的规范性。这样的产业引导基金运行与发展模式显然不同于徐汇区、杨浦区等产业引导基金运行与发展模式，政府并不直接从事对投资对象的投资，而是以设立参股基金的方式，让风险投资私募企业设立基金，并引导更多的社会资本进入风险投资私募企业。该运行与发展方式具备较强的灵活性，其操作过程能让社会优质资本得到广泛汇集，使投资项目的资金更加充足，使用的安全性更高。

3. 运作原则

静安区产业引导基金的运作应该遵循四项基本原则：第一，出资的主体要保持多元化。静安区产业引导基金在设立过程中要将国有经营性企业作为政府财政出资的主体，同时要明确多元投资主体的发展方向，通过保险资金、社会资本、国有优质资本募集的方式，共同建立"基金中的基金"。第二，委托代理机构要保持高度专业化。产业引导基金在正式进入运行阶段之前，要在委托代理机构的甄选方面加大力度，以此保证基金筛选和投资的专业性。其间，要根据市场化的激励机制，将业内专业背景较为突出，并且已经打造出国际品牌的委托代理机构作为选择对象，从而体现静安区产业引导基金运行与发展的优势，进而吸引更多优秀子基金加入。第三，运行机制要保持高度市场化。在明确产业引导基金运行过程的委托代理机构的基础上，要全权赋予其该基金的投资与运行工作，改变传统的在产业引导基金子基金的投资方向以及投资区域方面由政府做出明确要求的局面，全面突出政府在产业引导基金运行与发展中的引导作用。第四，风险控制过程要保持高度系统化。在静安区产业引导基金运行与发展的过程中，政府要将工作重心前移，对市场准入进行全方位、严格的控制，让更多合格的 FOF 进入产业引导基金运行过程，引导委托代理机构建立一套完整的管理约束机制和风险控制机制，强调银行、律师事务所、会计师事务所等外部资源的运用，进而形成一套系统的风险控制体系。

二、上海市静安区政府引导基金运作模式的提出

由上文可知静安区产业引导基金在促进新兴行业发展的过程中有着很大的上升空间。静安区已经明确了产业引导基金运行与发展的总体规

划和目标，在产业引导基金运行与发展过程中可以借鉴其他地区所积累的成功经验，让政策目标和引导目标定位能够与重点行业和新兴行业发展的实际情况充分结合起来。

静安区可通过 FOF 运作模式科学确立产业引导基金的整体规模，并且委托代理机构进行全过程的运行和管理，政府只为其提供相应的政策引导和资金引导。与此同时，还要加强产业引导基金运行与发展环境的建设，让产业引导基金不仅可以引导私募产业的高质量发展，还能有效带动全区重点行业和新兴行业的又好又快发展，让政府资金所具有的杠杆作用达到最大化，全面加快静安区经济发展转型与升级的脚步。

对静安区产业引导基金运行与发展模式而言，政府部门要加大创新与优化力度，根据当前静安区经济发展所面临的新挑战，将该模式运行与发展的重点放在全面引进优势企业上，进而形成独具特色的"总部经济"发展新格局。其间，政府既要强调产业引导基金必须在静安区注册成立，还要适当放宽投资范围。当前，我国各地区产业引导基金的运作模式都是政府委托代理机构进行运作和管理，政府单纯作为资金投入方，即 LP，目的是在获得保底收益的同时，将产业引导基金所产生的经济收益分配给委托代理机构和所扶持的重点行业，以及新兴行业创业型中小企业。在这一过程中，政府既能保证国有资产存量的保值、增值，又能够为重点行业和新兴行业提供充足的资金支持，让社会效益和经济效益得到更为科学的配置。

纵观以上关于上海市静安区产业引导基金发展趋势的阐述，还要对产业引导基金在风险方案和风险控制方面予以更高程度的重视。适合静安区产业引导基金运行和发展的模式包括两种：一种是"静安区创业投资引导基金"模式，另一种是"国际 FOF+静安 LP"模式。对第一种模式而言，应该以国内其他地区所积累的成功经验为参考，如创业投资企业与地方政府之间保持密切合作，选择运行与管理经验较为丰富的团队进行静安区创业投资引导基金的运行和管理，而政府只扮演出资人和政策引导者的角色，并且享有决策的一票否决权，进而有效引导和调控该产业引导基金的宏观发展。对第二种模式而言，要以政府资金投入为立足点，并且强调政府在产业引导基金运行和发展过程中适当放松其管制条件，与各部门密切合作，不断加大联合审查的力度，进而让优质的委托代理机构和投资团体能够进入产业引导基金，确保产业引导基金运行与发展过程中的风险能够得到有效控制。与此同时，静安区政府还要通过备案管理的方式，转变在产业引导基金运行过程中的角色，强化产业引导基金运行过程中的准入机制，让委托代理机构和投资团体能够形成市场化和国际化发展的新局面，从而打造出独具特色的产业引导基金。下面笔者就分别对这两种产业引导基金运作模式进行系统阐述。

三、静安区创业投资引导基金

"静安区创业投资引导基金"作为产业引导基金模式的一种，其运行过程可以参照以往的创业投资引导基金模式，通过委托代理的形式，让国内外知名的委托代理机构从事该基金的运行与管理工作。而在基金运行与发展的决策过程中，静安区政府要保留对基金投资项目的一票否决权，以此保障静安区创业投资引导基金的投资项目选择立足静安区重点行业和新兴行业的高质量发展。静安区创业投资引导基金模式运行流程如图7-4所示。

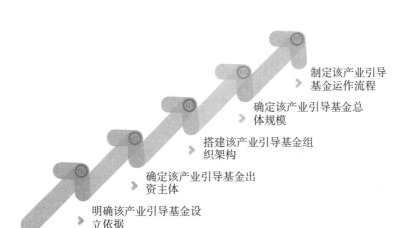

制定该产业引导
基金运作流程

确定该产业引导基金总
体规模

搭建该产业引导基金组
织架构

确定该产业引导基金出
资主体

明确该产业引导基金设
立依据

图7-4 静安区创业投资引导基金模式运行流程

静安区创业投资引导基金作为该地区产业引导基金的重要组成部分，其运行全过程体现出高度的系统化，能够促进更多的社会资本进入该地区新兴行业，不仅能为新兴行业发展提供政策性引导，还能为新兴行业高质量发展提供强有力的资金保障。静安区创业投资引导基金模式运行流程如下。

（一）设立依据

2008年，国家发改委等部门出台《关于创业投资引导基金规范设立与运作的指导意见》，上海市在2010年随即出台《上海市创业投资引导基金管理暂行办法》，明确提出引导基金设立、运行、决策、风险控制方面工作的具体原则和做法，并成立静安区创业投资产业引导基金。

在国有经营性企业出资方面，要以2021年上海市国资委下发的《上海市国有企业投资监督管理暂行办法》的具体规定为基础，对国有经营性企业期货投资、股票投资、委托理财业务进行严格限制，并对债券和基金购入进行适当的控制。除此之外，在国有经营性企业的融资规模和融资比例方面，明确规定其必须与企业权益、财务融资能力保持较高的匹配性。该法律法规针对国有经营性企业设立产业引导基金的适度性，以及与企业财务融资能力之间的匹配性做出了明确规定，其中的"严格控制"和"适当控制"并不是"明令禁止"，这意味着在静安区全面设立创业投资引导基金的过程中，出资形式要以财政直接出资或国有经营性企业出资为主，让更多社会资本进入静安区创业投资引导基金运行与发展过程。

（二）出资主体

在静安区创业投资引导基金构建、运行、发展的全过程中，必须将静安区政府财政资金和国有大中型经营公司作为出资主体，在参考创投引导基金运行模式的同时，将该区国有大中型企业资产、保险行业资金等优质资金作为子基金的选择对象，共同组成静安区产业引导基金，同时让更多的优质基金在静安区落地生根，实现政府出资的杠杆效应最大化。

（三）组织架构

在该产业引导基金模式运行过程中，管理委员会的成员需要由政府代表和委托代理机构代表共同组成。委托代理机构是静安区政府经过层层筛选，最终认定的产业引导基金管理机构，负责产业引导基金运行和发展过程中的一切事务，所以委托代理机构必须作为基金管理委员会的重要组成部分，机构负责人要作为基金管理委员会的主要成员。另外，产业引导基金在运行与发展过程中，需要根据所处环境的变化做出系统性决策，因此政府部门负责人要作为基金管理委员会的又一重要组成部分，对产业引导基金支持方案进行全方位的审议和评估，以此保障产业引导基金运行与发展的各项决策具有高度的科学性和准确性。

（四）基金总体规模

在静安区创业投资引导基金成立初期，静安区政府财政出资应为1亿元人民币，同时国有经营企业出资不得超过2亿元人民币，且以1：1或1：2的比例汇聚社会资金。其中，既要包括社会保险或保险行业优质资金，还要包括其他国有经营企业优质资金，最终形成总规模为 4 亿～6 亿元人民币的静安区创业投资引导基金。

（五）运作流程

静安区创业投资引导基金作为产业引导基金的重要组成部分，其设立、运行、发展的最终目标就是为该区新兴行业创业型企业提供政策引导和资金支持，确保其在初创阶段和发展阶段都能有强大的政策支撑条件和资金支持条件。但是，在静安区创业引导基金创设、运行、发展的过程中，具体运作流程体现出很强的系统性，主要由 7 个环节组成。

1. 明确出资主体

在静安区产业引导基金正式设立之初，静安区政府要作为决策主体，明确静安区范围内国有经营性企业是政府财政出资的主体，出资规模为 2 亿元人民币，同时将静安区国有经营性企业作为产业引导基金政府方面的出资人。

2. 选择管理团队

该产业引导基金在运行与发展的初期，要与上海市金融管理办公室通力合作，在全市范围内对有合作意向的委托代理机构进行全面摸排，并向有合作意向的委托代理机构发出邀请，在此基础上初步选定两家委托代理机构。随后，区政府部门要召开相关的专家评审会议，对初步选定的委托代理机构的背景介绍、合作方案、募资计划进行评估审查，最终确定较为理想的产业引导基金委托代理机构，并签署战略合作备忘录。最后，委托代理机构则全权开展基金的募集与管理工作。

3. 基金的第一次放大

委托代理团队在进行该产业引导基金的运行与管理的过程中，必须将"多""快""好"作为根本出发点。政府财政出资为 2 亿元人民币，在此基础上以 1：1 或 1：2 的比例进行社会资金募集，资金募集的范围要包括国有经营性企业、社会保障型企业、优质保险企业等，产业引导基金初建规模为 4 亿～ 6 亿元人民币。

4. 成立决策委员会

在静安区创业投资引导基金设立阶段工作顺利完成之后，要随即组建该基金决策委员会，委员会的成员组成应包括委托代理机构负责人、有限合伙人代表、普通合伙人代表、区政府代表。其中，委托代理机构主要对优质子基金进行筛选，并将筛选结果提交至决策委员会进行审议，最终决定是否对其出资；区政府代表则享有是否对子基金出资的一票否决权。委托代理机构在进行子基金筛选的过程中，必须将子基金注册资本及其规模，以及子基金在运行过程中是否具有知名管理团队、管理团队的注册地是否在静安区作为主要筛选标准，以此确保静安区创业投资引导基金的顺利运行和可持续发展。

5. 基金的第二次放大

在该产业引导基金运行与发展过程中，要再次对优质子基金进行资金投入，投入规模应保持在 3000 万元人民币，或者按照子基金规模的 10% 进行二次资金注入。另外，还可以与优质子基金共同发起设立更多的子基金，数量为 10 ～ 20 只，并且保证子基金的注册地均为静安区。如果按照每只子基金的规模为 3 亿元人民币计算，那么静安区创业投资引导基金的总体规模会达到 30 亿～ 60 亿元人民币，这意味着静安区社会资本在很大程度上得到了有效整合。

6. 实施投后管理

在产业引导基金子基金顺利向投资项目注入资金之后，要开展全方位的投后管理工作。投后管理工作既要针对投资项目的资金应用领域，还要针对资金流向和资金运作状况，并形成完整的数据库，最后在规定的时间节点向静安区政府进行数据汇报并提交投后管理报告。

7. 政府资金退出

在该产业引导基金运行周期接近尾声时，政府资金退出主要有三种方式：基金上市方式退出、股权转让方式退出、并购方式退出。这三种退出方式都必须符合签署的子基金协议的具体约定，以确保政府资金退出风险得到最大限度的控制。

四、"国际FOF+静安LP"模式

静安区政府在构建"国际FOF+静安LP"模式的过程中，充分借鉴上海市金融管理机构在全面加快外商股权投资的过程中所积累的经验，加快静安区产业引导基金运行模式升级换代的步伐。其间，静安区要抓住上海市产业引导基金模式构建的契机，争取更多政策层面的支持，与上级政府主管部门保持密切合作，让更多优质、高效、享誉国内外的FOF团队服务产业引导基金顺利运行与发展，并力求让上海市金融管理机构为其提供一定的结汇额度。与此同时，区政府还要以LP的身份向产业引导基金注入资金，并发起设立FOF，为全区重点行业和新兴行业提供强有力的资金支持。

（一）设立依据

2020年8月15日，上海市静安区科学技术委员会下发了《静安区政府产业引导基金管理办法（试行）》，有效期截至2024年8月14日。该项政策明确指出静安区产业引导基金管理工作要继续保持系统化和全面化开展，并明确发起设立按市场化方式运作的政策性引导基金。该基金由区财政局根据区政府授权代行政府出资人职责。同时，该政策还明确要求发挥财政资金的杠杆放大效应，引导社会资本投向静安区商贸服务、金融服务、专业服务、文化创意、信息服务等重点产业以及数字经济、大健康、平台经济等新兴领域，促进互联网、云计算、大数据、区块链、人工智能、物联网等新技术、新业态、新模式的发展，引导传统产业数字化转型和品质化提升，助力打造区域经济新增长点。该政策明令禁止产业引导基金运行过程中涉及其他国家法律法规禁止从事的业务。

基于此，在充分发挥政策优势的过程中，静安区政府应加强海外资金注入的试点工作，让更多的海外优质资金进入静安区，服务并促进静安区重点行业和新兴行业的发展。在此过程中，静安区政府和有关主管部门要不断深化其职能，联合开展优质企业的结汇工作，将资质较高的海外投资企业作为试点工作开展的重要选择。除此之外，在静安区产业引导基金运行模式的研究与发展过程中，静安区要与上海市金融办公室保持密切合作，汲取其所积累的成功经验，让更多的优质的海外资金源源不断地流向静安区，参与到产业引导基金的运作模式中。

（二）出资主体

在静安区"国际FOF+静安LP"模式构建过程中，要明确政府财政资金是出资主体之一，将国有经营性企业作为重要的出资主体，出资总额的上限为1亿元人民币。与此同时，还要鼓励FOF团队大力开展社会闲散资金、国有企业优质资金、保险行业资金、海外资金的聚集工作，确保产业引导资金总量的有效增加，并最终成立人民币基金。

（三）组织架构

在该模式的构建、运行、发展过程中，静安区政府可采用合伙制的组织形式，让委托代理团队按照国家有关规定和国际惯例进行该基金的运行与管理，并最终实现该基金的高质量发展。其中，委托代理机构作为GP，而政府仅作为投资者，该模式下的产业引导基金应设立管理委员会，其成员应由委托代理机构、政府机构、投资专家三方构成，政府其他投资人不能参与产业引导基金管理活动，但是区政府享有决策一票否决的权利。在此过程中，外资的注入必须通过试点运行这一环节，并且区政府、有关直管部门、委托代理机构要对资金使用进行备案管理。

（四）基金总体规模

该模式下的产业引导基金出资主体分别为静安区政府和国有企业，

基金总体规模要根据静安区重点行业和新兴行业发展的切实需要，由政府和委托代理机构经过协商最终确定。在产业引导基金设立的初始阶段，基金总体规模不宜过大，应不超过 10 亿元人民币。而在社会资金、保险资金、国有企业优质资金、海外资金的整合过程中，区政府可协助委托代理机构，与社会保障机构、国有企事业单位、海外企业驻华机构进行洽谈，将社会资本进行有效聚集，最终共同成立"静安 ×× 产业引导基金"。

（五）运作流程

在"国际 FOF+ 静安 LP"模式构建与运行的过程中，无论是在产业引导基金设立阶段，还是在其运行与发展阶段，都要有明确而系统的实际运作流程作为保障，由此可确保产业引导基金设立的目标，以及运行与发展目的的准确性，为静安区新兴行业高质量发展提供重要的政策引导和资金保障。"国际 FOF+ 静安 LP"模式运作流程如图 7-5 所示。

图 7-5　"国际 FOF+ 静安 LP"模式运作流程

目前，上海市静安区产业引导基金将"国际 FOF+ 静安 LP"作为主要的运行模式，未来还会长期坚持该运行模式。该模式的运作流程主要由以下 8 个方面构成。

1. 筛选团队

静安区政府应参考上海市外商投资企业试点工作开展所取得的成果，以及推进各项工作全面开展的时间节点，确定产业引导基金构建、运行、发展的流程，确保与上海市产业引导基金运行、管理、发展之间能够形成有效对接，并形成具有代表性的产业引导基金运行模式。其间，静安区政府要与上海市金融管理办公室密切合作，并根据上海市产业引导基金运行、管理、发展的基本流程，对可供选择的委托代理机构进行层层筛选，确定负责该产业引导基金模式运行和管理的委托代理机构。

2. 三方推进

在该基金运行模式构建的过程中，要先确定能够达到合作标准的委托代理机构，既要保证该委托代理机构从业人员具备丰富的经验和较高的资质，又要确保其专门人员的数量至少为 3 人。然后要由静安区政府部门向上海市金融管理办公室出示一份设立产业引导基金的书面报告，让上海市金融管理办公室批准该委托代理机构一定数额的外汇结汇额度。最后要借鉴静安区创业投资引导基金运作模式所积累的成功经验，通过向全国、全市、全区国有经营类企业以及保险等行业筹集优质资金，共同建立静安区产业引导基金，吸引更多国内外优质资金落户静安区，实现政府财政出资的杠杆效应的最大化。

3. 政府出资

在静安区产业引导基金"国际 FOF+ 静安 LP"模式运行与发展的过程中，政府仅以出资人的身份参与其中，为其提供政策引导，最终将资金注入委托代理机构，之后再委托代理机构进行社会资金的整合与吸纳，从而充分发挥政府出资的资金引导功能和政策引导功能。

4. 募集资金

在静安区产业引导基金"国际 FOF+ 静安 LP"模式运行与发展的过程中，必须充分调动委托代理机构在社会资金整合方面的积极性，让海外优质资金、社会优质资金、保险行业资金和国有经营性企业优质资金汇聚到静安区产业引导基金运行模式之中，组成具有规模性的产业引导基金。与此同时，静安区政府还要积极向上海市金融管理办公室争取结汇方面的有关政策，批准一定数额的结汇额度，进而为海外资金提供政策和资金引导。

5. 日常运作

在该产业引导基金运行与管理过程中，子基金的筛选和投资无疑是专业程度较高、系统性较强的两个环节。因此，在产业引导基金日常运作过程中，这两个环节必须由专业的委托代理机构来完成，并将其市场运作过程中的优势和特长充分展现出来，进而让更多优质的子基金进入静安区，为静安区重点行业和新兴行业发展提供充足的资金保障。

6. 加强服务

在静安区产业引导基金"国际 FOF+ 静安 LP"模式运行与管理过程中，政府要将全面加强静安区与上海市之间的联动作为重点工作之一，同时要重视有关引导政策的宣传和服务工作。其间，既要全面制定政策扶持制度，全面完善委托代理机构的优惠政策，又要为其提供有针对性的绿色通道，确保优质资金有完善的政策为其提供服务。

7. 备案管理

在该产业引导基金模式运行与发展的全过程中，针对海外资金的整合与使用，静安区政府和委托代理机构要根据上海市金融管理办公室关于海外资金引进与使用工作的具体要求，对海外投资企业所提供的资金进行备案管理，将资金项目的引进过程向上海市金融管理办公室申报，同时提交全部备案管理资料。

8.政府资金退出

在该产业引导基金运行与发展的过程中，各子基金可通过上市、股权转让、基金并购等方式退出产业引导基金序列。在子基金退出过程中，静安区政府要根据投资基金时所签署的协议，按照规定方式退出。

第三节　湖南产业引导基金运行模式

湖南省作为中国中南地区高新技术产业发展的重点省份，面对当今时代市场经济发展大环境，深刻意识到对新兴行业进行战略投资的意义所在。湖南省相继设立了产业引导基金，探索出了适合自身经济发展需要的产业引导基金运行模式。

一、初步立项阶段

子基金初步评估依据基金评价表进行。通过公司合伙人的介绍，A产业引导基金管理人与B基金进行洽谈和沟通并达成初步合作意向。然后，A产业引导基金管理人结合B基金反馈的基金详细信息进行立项材料整合，形成立项报告和基金评价表（见表7–1）并上报给基金团队负责人，由负责人对B基金与A产业引导基金的契合度、立项报告的合规性等进行审定。拟设B基金首期募资规模是10亿元人民币，承诺出资方的投资总额为8.6亿元人民币，资金缺口为1.4亿元人民币。募资进度如下：B集团作为基金投资人承诺出资5亿元人民币，其余5家公司作为LP累计承诺出资3.3亿元人民币，MR公司作为GP承诺出资3000万元人民币，出资总计已完成募资总规模的86%。该基金没有专门的资金募集渠道和部门，资金募集来源主要依靠合作企业，其中5家LP都是国内知名的互联网公司和资产管理公司，存在长期合作关系。由此可以看出，

B基金LP数量还算可控，能够避免多个LP存在各种利益冲突。LP与B基金存在合作基础，说明双方存在利益共同点，同时在A产业引导基金管理人尽职调查中没有发现不利于LP的设立条款和可能发生的道德风险。所以，就基金设立情况来看，B基金是符合投资条件的。

表7-1 湖南产业引导基金子基金评价表

评价指标的基本类型	评价指标	评分标准	B基金分值
资金募集能力（20分）	资金募集的基本方案（25%）	合理性与可行性	5分
	反复投资的LP（25%）	3次及以上（5分），2次（4分）0次（0分）	5分
	资金募集的进展（50%）	现阶段确认出资额[75%＋（10）]，依次递减	10分
团队建设情况（30分）	团队的组织与建设（20%）	团队所有成员是否全部到位（全部）	6分
	合作机构的知名程度（20%）	在行业内部是否为知名团队	3分
	成功投资的经验（20%）	团队所有成员从事本行业的工作年限	5分
	团队自身的稳定性（20%）	团队内部所有成员的凝聚力与变化频率	6分
	团队自身的专业性（20%）	团队所有成员是否具有较强的专业性	6分

续　表

评价指标的基本类型	评价指标	评分标准	B基金分值
往期投资业绩（30分）	管理基金的业绩（20%）	3只以上（6分），2只（3分），0只（0分）	0分
	管理基金的总体规模（25%）	按层级打分标准	0分
	投资项目的数量（25%）	80个及以上（6分），依次递减	4分
	成功投资项目的个数（30%）	成功投资的定义为IRR（信息资源库）≥20%	7分
投资风险（10分）	管理层所持有的GP股权数量（50%）	70%及以上（5分），50%及以上（4分），依次递减	4分
	道德风险（50%）	低风险（5分），中风险（3分），高风险（0分）	5分
合作态度（10分）	基金资料的及时性（10%）	能够做到定期反馈相关材料	1分
	资金资料的完整性（40%）	以清单的形式反馈材料的完成程度	3分
	资金资料的真实性（40%）	有效核对并查实所反馈的材料真实性	4分
	沟通过程中的积极程度（10%）	合作过程中沟通的积极态度	1分
合计			75分

二、尽职调查

子基金的投资评估决策是依据子基金尽职调查做出的，其中尽职调查清单是 A 产业引导基金管理人要求拟投基金管理人员填写的关于该基金的详细信息，是了解拟投基金情况的重要途径，也是撰写尽职调查报告的基础。A 产业引导基金的尽职调查的主要内容见表 7-2。从表 7-2 中可以发现问题清单内容囊括了拟投子基金投资团队基本信息、基金设立情况、投资策略等内容，通过清单的反馈可以对拟投基金的情况有比较清晰的认识。同时，A产业引导基金要求在对B基金进行尽职调查的过程中采用实地访谈或者电话访谈的方式，访谈对象包括子基金管理团队高层、子基金历史投资企业、子基金托管人等，以便对子基金GP管理基金的能力做出客观评价。接下来笔者就以尽职调查清单为基础，从子基金团队稳定性及专业性、基金团队历史业绩方面对B基金的投资过程展开分析。

表7-2　A产业引导基金管理机构尽职调查的主要内容

尽职调查信息的主要类别	尽职调查信息的具体内容
产业引导基金管理机构的基本信息	产业引导基金委托代理机构的基本信息
	本期基金法律的基本信息
	本期基金GP的法律主体的基本信息
	投资者关系负责人的基本信息
产业引导基金的资金募集渠道	子基金中介机构、顾问人员、其他专业机构的基本联络信息
	出资中介机构的有效协议和费用计算方法
	资金募集渠道与GP之间的关联关系
产业引导基金资金募集计划	产业引导基金资金募集规模、单个LP最大出资额、单个LP最小出资额
	已经做出投资承诺的LP的具体信息
	资金募集结束时间、多次关闭的时间节点、利息安排情况
	GP承诺出资和管理团队个人出资情况

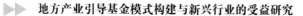

续　表

尽职调查信息的主要类别	尽职调查信息的具体内容
产业引导基金管理团队的投资策略	本期产业引导基金投资的基本策略
	投资项目的主要来源和投资项目自身存在的优势
	项目投资委员会的基本构成，以及决策权利的设置和研究方面的投入
	投资项目筛选阶段、立项阶段、机制调查阶段、投资决策阶段的具体投入
	外部合作的专业性机构和联络中的具体信息
	投资后的管理策略、管理方法、执行过程
	产业引导基金风险控制体系的基本构成
产业引导基金管理团队的稳定性及专业性	管理团队的简介和所获得的主要荣誉
	管理团队股东简介、股权结构简介、同一控制状态下其他有关资产管理公司简介
	管理团队股东不参与执行具体投资项目管理的策略性、财务性投资管理者的简介及在投资决策中所发挥的管理作用、投资决策中所产生的管理费用、投资决策中的收益分成、投资团队所汇报的管理流程和制度
	管理团队内部组织结构图，合伙人联系方式，全体员工的详细信息，专业投资人员，关键运行人员和后台支持人员简历，管理团队人员扩张计划
	员工与合伙人的项目投资和跟投政策
	不同部门和地区之间的合作与沟通情况

续　表

尽职调查信息的主要类别	尽职调查信息的具体内容
产业引导基金管理团队的历史业绩	管理团队自成立之日起所有投资企业的明细表
	未能实现投资组合的评估值
	在各期基金管理过程中的出资情况和分配情况
	新增合伙人的历史业绩
	向管理基金提供审计服务的具体会计师事务所信息
本期基金主要协议条款	本期基金的主要结构
	本期基金所涉及主要人员的具体条款，以及管理团队跟投机制等信息
	本期基金管理工作中管理费用收取的比例、时间、方式、年限等有关信息
	本期基金收益分成的具体计算方法，以及对 LP 的回报安排和购回机制
	本期基金的存续期、投资期、回收期、出资节点安排等
	本期基金份额的具体流动情况，以及具体的现金流分配次序、回收资金再投资的具体规定、追加投资的具体项目
	本期基金信息披露机制，以及投资回报率和测算依据
	本期基金资产的其余用途明细
	投资机会在 GP 管理下的多只基金之间的分配原则
	本期基金相关费用与收入在 GP 和基金之间的具体分配情况，以及预算情况
产业引导基金具体材料	为意向投资者所提供的演示材料
	资金募集过程中的备忘录
	GP 管理的其他基金最新季度报告和年度报告

（一）子基金团队稳定性及专业性

GP 管理团队能力评估从团队组织架构、所投项目来源、风险控制、增值服务方面进行。一是团队组织架构。B 基金的基金管理人是 MR 公司，成立于 2017 年，由法人出资 600 万元人民币、×××出资 300 万元人民币、×××出资 100 万元人民币组建而成，股权比例分别为 60%、30%、10%。其中，×××作为投委会主席，是 B 公司创始人，曾创立过多个企业；×××和×××作为投委会成员，之前在不同的企业担任过投资经理，有 10 年以上投资经历，负责过多个项目不同轮次的投资业务，且均为领投项目。张某作为投资总监，从业经历超过 7 年，主要投资业绩集中在消费服务、消费金融行业。由此可以判断 B 基金管理团队成员的投资经验丰富，团队结构较为清晰合理。二是项目来源。团队成员从事互联网服务行业多年，在业内都具备了一定的项目资源和行业影响力，所以子基金在项目选择方面拥有较好的保障。三是风险控制。由于团队组建时间较短，团队的法律顾问和财务等相关人员还没有到位，团队成员表示后期会引入相关专业人员。在投后管理方面，团队会派专人进行已投项目的跟踪，及时获得每个项目的运行报告，确保关键信息披露的准确性和时效性。四是增值服务。一方面依靠 B 集团背后强大的行业资源为其提供相应的资源支撑，另一方面依托团队主要成员自身所拥有的投资能力和行业影响力保障本基金投资项目的后续发展。

综上所述，B 基金的 GP 即为基金管理人。该基金采取市场化运作，不受出资人干预，也不受到 B 集团的干预。从团队成员来源来看，核心成员都来自 B 集团高管，对基金投资方向等认可度较高，所以目前团队的稳定性较好。从团队能力来看，该团队成员的投资能力较强、投资经验丰富，项目来源有保障。从团队制度规范来看，投资管理规划较合理，但是投后管理制度、风险控制制度、跟踪激励制度等由于管理公司设立时间较短而没有形成规范。其中，风控人员、法律人员、财务人员还处于空缺状态。由于团队成立时间短，虽然目前团队成员对基金投资方向的认可度较高，但是成员的稳定性仍然需要进一步观察。

（二）基金团队历史业绩

历史业绩是体现团队管理能力最为直观的数据，从历史投资情况、项目退出情况、投资行业、业绩指标方面可以分析出团队的投资偏好、投资业绩表现。

由于 MR 公司成立时间较短，所以对于公司团队没有往期的基金业绩可以参考。因此，本次主要以核心团队主要成员个人的往期投资业绩作为参考。从团队所披露的投资情况来看，团队成员过往投资项目总计32 个，投资金额总额达到 10 亿元人民币以上，投资行业主要为生活服务、休闲娱乐、互联网等，投资阶段主要集中于 C 轮之前，投资时间为2010—2016 年。投资总体呈现的特征是金额大、分布广、行业聚集。其中，投资金额在 1 亿元人民币以上的有 2 个；8000 万元人民币以上的有3 个，投资阶段为 A、B 轮；3000 万～8000 万元人民币的有 12 个，已退出项目有 3 个，投资回报倍数都在 3 倍以上，投资阶段为 A、B、C 轮；1000 万～3000 万元人民币的有 8 个；1000 万元人民币以下的有 7 个，主要投资于天使轮。总体来看，退出行业数量相对偏少，但投资回报率表现良好，以并购、IPO 的方式实现退出，渠道正常。从行业偏好来看，项目阶段投资偏向天使期和成长期，投资项目分布广泛，其中项目投资金额较大，个人投资项目金额较小；投资行业偏向餐饮消费、休闲娱乐等现代服务业，都与各自对应基金拟定的投资方向相吻合。地方产业引导基金部分投资项目概况见表 7-3，从中可以直观地了解业绩的整体情况。通过分析可知，B 基金管理团队个人能力较强，但是局限在于考察的是团队成员个人的投资业绩，因此该基金可能存在业绩不稳定的情况。

表7-3 地方产业引导基金部分投资项目概况

投资项目	投资时间	投资成本	基金退出方式	项目所属行业	投资轮次	投资收益情况
×拉	2014年	300万元人民币	未退出	餐饮行业	天使轮	30.4×
×鸭	2011年	6000万元人民币	以IPO形式退出	休闲食品行业	A轮	64×
×鱼	2016年	3亿元人民币	拟以IPO形式退出	休闲食品行业	A轮	4×
×厨	2012年	6000万元人民币	未退出	餐饮行业	A轮	5×
×居	2013年	300万元人民币	未退出	家居及建材行业	B轮	90×
×饺	2015年	200万元人民币	未退出	快餐行业	Pre-A轮	10×

数据来源：根据湖南省产业引导基金内部资料整理

B基金的投资策略流程较为严谨和清晰，权责明确，环节设置较为简单高效。另外，目前消费市场发展空间依旧很大，并且A产业引导产业基金的重点投资行业中有现代服务业，B基金的投资方向和阶段与A引导基金完全相符。此方面的风险主要是基金在实际投资中能否切实按照拟定的投资策略进行投资。

三、投资结果评述

通过尽职调查分析，A产业引导基金最终决定与B基金达成合作。通过分析可知B基金有以下投资亮点：第一，B基金核心团队成员具有丰富的消费服务行业的项目投资经验，历史投资业绩良好，在投资项目筛选、决策和管理上均具有专业性。第二，B基金主要投资于大众消费行业的生产链，依托 B 集团拥有的广大用户和合作方掌握着很多优质项目资源，可以很好地挖掘投资项目，并且在资源整合、项目联动、政策梳理等各方面帮助项目健康快速地发展。第三，LP 资源丰富，可以为基金提供良好的项目资源，搭建合作平台，还可以为项目增加退出渠道。第四，投资方向明确，且 A 地区政府认为子基金背后的资源可以为 A 地区提供更多的投资合作机会或者引入项目落地，所以持大力支持的态度。

评价政府引导基金运作状况的主要标准是引导效应，即投资标的为本地区投存量、引增量的大小。从现阶段来看，B 基金约定的拟返投金额为 2.8 亿元人民币，但是在实际返投中存在一定的问题。一方面，从投后监测数据来看，已经出现子基金的返投认定金额不足且缺乏亮点项目的现象；另一方面，返投企业的迁址导致区域之间形成竞争，产生区域资源内耗问题。例如，B 集团与 A 引导基金达成协作，约定将 B 集团所在省内其他地区的分支机构迁入 A 地区，以完成返投目标，而由于地区之间的分割管理，企业迁入 A 地区后会面临工商变更、资质许可重新办理、客源市场的重建等问题。所以，怎样保证返投实际落地、怎样解决为了完成"引产业"的目标而导致整个市场配置效率低下等问题是基金管理人员需要关注的焦点。

第八章　新兴行业发展在地方产业引导基金模式中的受益表现

结合本书前面章节的论述不难发现，地方产业引导基金模式的构建与运行的最终目的都是全面加快地方新兴行业的发展进程，让其能够从中更多地受益，进而为地方经济发展提供更多新的增长点。对此，本章内容针对新兴行业发展在地方产业引导基金模式中的受益表现进行系统性论述。

第一节　为地方新兴产业的高质量发展提供资金支持

在地方产业引导基金设立、运行、发展的过程中，政府部门通过政策性引导，为地方产业引导基金明确具体的投资方向，而委托代理机构则负责基金的招募和项目投资。其中，投资项目的选择普遍集中在高新技术产业等新兴行业，这也让地方新兴行业的发展获得了更多的资金支持。

一、投资网络中参与者不确定性的高度明确

大量显示首先要为产业引导基金创造联系网络其他潜在参与者的渠道。"直接化"的沟通与联系不仅在机构内部，更要引申到产业引导基金在这个投资网络中的位置，处于投资网络中心位置的机构有助于被投资机构成功以上市或被并购的形式退出。根据产业引导基金对新兴行业具体投资项目的投资进程可以得出一个较为清晰的投资网络结构模型，如图 8-1 所示。

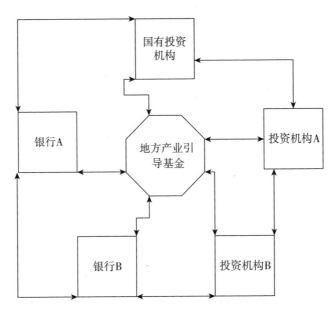

图 8-1　产业引导基金在新兴行业中的投资网络结构模型

该网络结构模型已经作为全国各地区新兴行业产业引导基金运行与发展普遍适用的投资网络，被诸多投资机构所使用。其中不仅有金融资源交换的小循环，还有包括地方政府与相关地方产业生态在内的社会资源交换的大范围闭环。所有参与的机构都是多对多的存在。学术界对风险投资机构的网络位置对企业未来融资乃至 IPO 的影响方面进行了相关的研究和解释，主要从获取投资信息、资源共享等方面做出假设，投资项目因为如此的网络位置关系突破了空间上的限制，同时加强了信息在各投资机构之间的交互。具体而言，地方产业引导基金处于中心位置能够为投资机构带来更多提供（创业企业）增值服务的机会，这里的增值服务实质的体现更像一种社会资源的交换。

通过社会网络与战略联盟等理论，不难发现投资网络的构建在地方产业引导基金有序运行和可持续发展中具有重要作用。其原因在于运用该理论进行实际操作的过程中，往往会根据产业引导基金运行与发展的总体目标去匹配参与者的共同目标，而这些目标在横向和纵向上有无交集都会伴随某种关系存在，而这也正是战略联盟产生的主要原因。对地方新兴行业而言，通过地方产业引导基金的运行与发展实现该行业的高质量发展的关键在于充分发挥地方产业引导基金的中心性，因为只有做到让地方产业引导基金处于战略投资的中心位置，才会拥有该行业发展关键资源的控制权，进而为外部投资网络提供强有力的政策引导，并且让更多的社会资源能够进入地方新兴行业。在明确产业引导基金目标以及现有资源所具备的基本能力之后，要对其信息等方面的匹配性进行深入分析，具体操作主要包括以下两方面：

一方面，按照成分和性质，银行可分为国有银行、商业银行、地方银行三种类型，其中地方银行包括城市商业银行和农村商业银行。在产业引导基金全面实施新兴行业具体项目的投资过程中，需要委托代理机构全面落实统筹统贷工作，虽然基金服务平台最初能够在信息交换和资源配置方面发挥出较大的优势，但是针对产业引导基金对投资项目发起组合投资时，基金服务平台很难将综合授信渗透到每一个银行，这显然会对信息匹配性造成严重的不良影响。为了有效避免这一风险的产生，在地方产业引导基金运行和发展过程中，往往会在投资项目本部中使用综合授信，而在所辖的项目分支机构中通过商业银行和走在创新前列的金融机构对其采用供应链授信的方式。

另一方面，地方产业引导基金在运行与发展中，还会与中小型农村商业银行保持密切合作，用抵押千万级别的授信来维持产业引导基金在项目投资起步阶段的运行和开支。除此之外，在与地方性银行保持紧密合作的同时，已经对相关潜在的信息进行有效匹配，从而让投资项目的资源能够在产业引导基金内部得到全面公开，其中就包括供应商和客户拓展等多个方面。在有效通过外部投资机构实现信息高度匹配的基础上，产业引导基金运行与发展的目标必然会与内部所有相关机构建立紧密的联系，进而形成较为完善的投资网络。

此后，这一投资网络的运行，会产生理想的资源交互过程，所有参与者所伴随的各种不确定因素也会得到有效排除。新兴行业在当今乃至未来社会的发展中显然会存在很多风险因素，因此为避免由信息不对称导致的风险就必须运用产业引导基金投资网络，同时要不断对上述网络进行有效的优化与调整。

综合以上观点不难发现，在地方产业引导基金运行与发展的过程中，项目投资环节是核心环节，而在所有的外部投资机构进行有效投资的过程中，信息匹配性无疑发挥着至关重要的作用，在地方新兴行业投资项目中依然如此。为确保在整个投资网络中始终保持较高的信息匹配性就必须以地方产业引导基金为中心，如此方可确保外部投资网络对投资信息和投资资源具有较强的控制能力，让投资过程中的风险得到有效控制。

二、投资网络中参与者风险的有效分摊

在组织整个外部投资网络的过程中，风险控制问题存在着普遍性，无论是对于其本身还是对于整个外部投资网络。所以，政府有关主管部门会立足于此，思考和实践风险的分摊机制，把充分了解其外部投资网络中的各方关联形式和需求作为执行这一机制的重要前提。在实践阶段，各委托代理机构在观察整个投资网络的过程中，如果发现项目有一些潜在风险点，就会暂停产业引导基金的运行，其他投资者也会纷纷停下脚步。其原因是一个地区或者更大范围内的不同银行间存在一个"平台"进行信息交流，这些信息交互已经深入风控层面的关联（关联性有利于隐性知识的传播），"银团"作为银行业进行联合放款的组织，恰恰能将该现象与以避免。当银团发起银行在一个项目上给予了一份完整材料，其他跟团的不仅可以参考加速成团，其他行的风险控制意见将有效地交流，各家的资源优势赋予彼此，同时成就了企业的融资。银团未必拘泥

于形式，在各地方新兴行业产业引导基金的具体投资项目的运行过程中，委托代理机构会以改进为由让产业引导基金向各家发出信号。在具体的投资项目实际操作过程中，对于银团的组建，每家银行在初步接触项目的时候都有着较为类似的关注点，这些关注点（潜在盟友的目标）不仅决定了哪些项目可以成为投资网络中机构（尤其是银行）所青睐的项目，更透露出这些传统金融机构思维转变的气息；产业引导基金对于其外部投资网络（潜在盟友）的目标匹配，不仅要了解其主要追求，也要了解像国有资金安全这样的"底线目标"。

银行家们较为关注的一些焦点（除了抵押物）。其中，主要焦点有四个：

第一，资金的用途与归还来源。对于很多从母集团剥离出来或体外孵化的项目来说，早期用途方面虽然可以不一样，但是收入的归还来源却很难避免有关联。

第二，合并报表资金情况。参与银团的银行很多已经转变了传统思维，从盈利到允许亏损，但是依然关注是否具有良好的现金流与短期偿债能力。之后关注的是组织架构，其并不单指公司的架构，银行关注一些外部投资机构是否具有一些明星机构。在具体投资项目中，当听到曾经合作过的海外知名互联网投资机构名字时，对方此时也公开表示了认可，并进一步询问了相关的细节。

第三，上市预期。虽然对于项目来说只是债权人，但是参与银团的银行还是非常关心企业是否有上市的预期，银行家们不仅关心偿债能力，还关心股权的投资周期。这也是我们研究投贷联动的后期所关注的。

第四，股权融资规模与期望的股权融资规模。参与银团的银行家们希望知道目前股权融资的情况，这与项目初期投贷联动是多对多的方法有关，因为股权是因为一个项目而聚集到一起，而不是围绕某家银行（如硅谷银行）所展开的投贷联动行为，所以初期银行家们希望银行尽快建立股权与债权信息交互的平台。

具体到构建地方产业引导基金的外部投资网络，研究者在实践时也试图将其"放到台面上"，形成战略框架，并且组织了相关外部投资网络战略的形式，包括项目评审会议、外部联络体系、意向投资保密协议等。资源交互也就此展开。例如，在具体的地方产业引导基金投资项目中，由于通常情况下是以投资为基础的联动贷款（银行原则上不授信于这样的新设立企业），在此期间，有众多银团成员行向产业引导基金方提出能否在授信2年内不撤销投资。这个举动在现场看有些古怪，但是会后思考，其却已经开始与网络中机构们的思维有同步了，网络的雏形已经存在于参与者们的意识中了。此时，研究者所在的产业引导基金就组织了一次简单的会晤，双方将自己所关注的企业的指标（股权方触发回购、授信方撤销授信或缩小规模的条件）相互展示，让股权与债权投资的双方都关注到对方的一些公司指标。这样做不仅可以搭建起投资后期双方的信息交流平台，还有另外两个更重要的好处：第一，风控的升级股权与债权风控的结合，有助于投资者从多个角度更全面地审视项目。第二，快速响应，一旦项目股权投资或债权投资中任一方获得任何消息并采取措施后，另一方就可快速做出反应。例如，在产业引导基金投资具体项目之后，一个项目方是被银行停贷的某地产，各地的楼盘出现了因资金紧张所带来的降价销售。银行及时揭示某地产会在供货商垫付的项目保证金上想办法，在银行授信摘除了具体投资项目以后，该投资项目想要用融资款项给某地产作为保障工程的保证金，这个平台下派驻的代表（董事）就投了反对票。虽然从企业发展的角度讲，此做法并不能给企业带来长远的利益，但是从产业引导基金，乃至其外部投资网络的风险控制角度讲，其的确起到了相互警示的作用并排除了风险，最终该投资项目负责人在得知事情原委后也表示了理解与支持。综上所述，这样投贷联动的平台不仅在投资决策上能提供风险分摊的机制，而且能够提供更加快速有效的风险揭示（投资前后）与反馈。

三、投资网络中信息不对称的有效避免

针对本书所提到的在项目投资中后期投资网络中信息不对称情况，可以肯定的一点是信息传递对于产业引导基金的背书起到关键作用。如何将产业引导基金所投资项目的信息传递出去？接下来笔者就从信息本身和信息传递本身（什么信息、如何传递）与产业引导基金在网络中的位置关系展开阐述。

项目投资中后期反映的主要问题也是如何将这样一个投资标的优质有效地传递给投资网络中的其他参与者（或潜在参与者）。

从地方产业引导基金运行与发展的全过程来看，在政府、委托代理机构、社会资本持有者、投资项目本身等方面往往都会有一条较为完整的数据线，让投资项目的具体信息能够得到直观和客观的呈现，其中的企业也会像"瞪羚"一样发出跳跃信号。瞪羚企业通常指行业中规模较小却有活力的企业。瞪羚这种动物在被捕食者发现时会原地跳高，而不是马上奔跑。瞪羚这样的动作其实并不是多余的，它是在向捕食者传递一种信号，意在向捕食者说明："你看，我能跳这么高，你来追我之前，要衡量一下自己是否能追得上，双方都别费力气了。""瞪羚"这一名字在于信号的传递，那些被称为瞪羚的企业就是在向市场传递这样一种企业有着蓬勃发展"活力"的信号。这种信号不仅源于加入了瞪羚企业名单，或者其他高新技术企业名录，而且为研究者能够捕捉到某一企业提供的便捷条件。所以，产业引导基金投资的第一步就是直接找到这种能发射信号的企业。

从另一个角度分析，在通过地方产业引导基金进行新兴行业项目投资的过程中，产业引导基金本身还能够让参与者"透明化"投资标的，进而确保投资网络中信息不对称现象能够很大限度地被避免。以往地方

产业引导基金在新兴行业的运行过程中，往往产业引导基金参与其中能够掌握投资项目背书等基本资料，而在产业引导基金投资网络的运行过程中，则能够在投资之前通过银行登录征信系统，让投资项目的信息能够更加直接和客观地反映出来，进而实现地方产业引导基金投资平台、参与者、投资项目之间信息资源的有效交换，其中既包括融资预案，又包括相关社会资源，这一切成就显然都来自地方产业引导基金背书行为，以及产业引导基金投资网络的运行。具体而言，在地方新兴行业发展过程中，企业无论是贷款，还是以股权形式进行融资，都有明确的资金用途，贷款的过程显然要求企业必须出示还款的主要来源，如果不能保证信息高度的对称性，就会面临资金的投入无法收回的风险。在新兴行业地方产业引导基金的投资网络中，更强调银行和金融部门开通企业和个人征信业务，这样不仅可以打消产业引导基金在新兴行业项目投资信息不明的情况，还能确保所投入的资金能够按时按量地收回，确保政府财政出资和社会优质资本能够顺利退出，同时可以保证收益的最大化，让地方产业引导基金有更多的资金投入地方新兴行业发展。

除此之外，在地方产业引导基金对新兴行业的投资过程中通常都会保持供应商的固定性，以及银行参与的稳定性，由此确保投资对象和投资参与者之间能够形成一个稳定的联系网，进而形成一个较为完整且强大的供应链。新兴行业通过产业引导基金的运行过程之所以能够建立一个强大的资金链，是因为银行能够为地方产业引导基金提供较为完整、可信度较高的综合授信，地方产业引导基金管理机构能够了解投资项目贷款的主要意图，以及还款的主要来源，进而形成较为可靠的投资标的。而这一结果产生的根源主要体现在地方产业引导基金运行过程中所发挥的社会资源交换作用，让地方产业引导基金在新兴行业中的运行始终能够保持高度的信息对称性。

除了信息的传递，从根本上说，研究者也在产业引导基金外部投资网络构建的实践过程中尝试了不同形式的网络嵌入形式，因为嵌入行为是促成战略联盟的重要活动之一，是在网络的构建中产业引导基金发挥其管理作用的重要前提。所以，产业引导基金想要快速、低成本地嵌入一个网络，嵌入的形式就显得尤为重要。目前，产业引导基金所处的投资网络是多对多的模式——多家银行对多家投资机构，自然也会有很多银行参与同一个项目。银行对于重复授信或不同银行先后授信都有着严格的限制，所以大笔流贷（这里泛指综合贷款）都需要多家银行联合授信并且有一家银行发起银团这一行为。有关金融机构网络的研究中指出，金融机构，尤其是银行存在着较为完备的网络，同时将 Watts 的信息传播研究运用在银行间。在实验区投贷联动的几个成功案例都产生了比较好的效益和反响之后，很多银行非常关注一些项目的进展，这可以说是网络中潜在参与者对制度环境的认可的开始。结合中心性与合法性交互的情况，结构性的嵌入会使得产业引导基金具有一定的优势，获得更多的价值，但是前提是其合法性身份（包括了业务、背景等）必须得到网络的认同。产业引导基金本身更应该有效地组织对"双创"项目的投资，获得中心位置并提升合法身份，这将是一个循序渐进的动态过程。而这一切的前提就是建立有效的资源交换（不仅是金融资源，更是社会资源的交换）。在各地方产业引导基金构建网络对具体投资项目进行投资期间，多家银行表示接收到企业这样一个信息，很多已在投贷网络信息交互中的银行纷纷已经开始与产业引导基金洽谈合作的可能性，其外部与银行的投资网络逐渐成形。

四、投资网络中效率与安全性的全面提升

在产业引导基金中心性加强、联盟制度与合法性得到认可的前提下，其组织的网络投资行为（尤其是可以信赖的一些产业引导基金或知名投资机构）会对银行债权投资起到背书作用，同时会给被投企业和整个联

盟带来金融和社会资源。但是随着网络构建和联盟的周期步入成熟期，很多网络内组织逐渐产生了高度的联结性，表现为定向的资源和信息交互，并且在很多灵活的案例中无法解构。

不可否认的是，联结性为整个网络带来的好处是通过建立了良好的信任来降低组织投资的不确定性，在长期交互中也便于很多隐性知识的传播。比如，帮助产业引导基金获取网络中的其他潜在投资者的投资项目的预期和自然人背景等信息。然而在信息小范围传递效率提升的同时，安全性却明显下降了，这种刚性不但会阻碍联结关系的动态调整，也不利于整个网络对于创新的探索。其表现一方面在于产业引导基金的某些决策和关系网络倾向于和固定参与者合作，对于组织投资也缺乏创新。詹姆斯·马奇相关理论指出对于过往胜任力的过度依赖最终会让组织走向死亡，克里斯坦森曾说过："就算我们把每件事情都做对了，也有可能错失城池。"实际的案例也是如此，在引导基金尝试创新的过程中，很多人因为长期处于中心位置和关联关系固化而被腐化。这时候作为联盟与网络的管理者的产业引导基金，关注关联性并弱化它就变成了重中之重。另一方面，引入新的资源方尝试从市场和集体利益角度打破这种强关联性，从相关制度入手建立网络中相关参与者的参与权限或者设定相关合作期限。

在产业引导基金投资前期，经常会出现先有数据还是先有估值的问题，很多早期项目选择被孵化也是因为如此，所以其对"双创"企业的投资才显得如此艰难。如产业引导基金要开始这样一个投资项目，实验性地组织网络中其他成员引入了本在后期的社会资源作为交换的尝试，选取了"韩国直播带货"这个当下热点项目。就当前世界经济发展大环境而言，"百业待兴"无疑是最为直观的写照，但是网络直播带货却异常火爆，在该环境形成之前的这个储备项目也一下子被推到了银幕前，相关的各类媒体通过电视、网络媒体、报纸等进行采访。一时间，各家金融机构，从社会化的股权基金到银行，纷纷来电询问这个项目的进展，也纷纷表示希望参与这个项目的融资。在宣传之前，这个项目在韩国仅仅是一个年收入破 7000 万元人民币、盈利勉强达到 1500 万元人民币的中小项目，从当地引进的时候也并没有引起任何的关注。更值得注意的事，在产业引导基金组织网络共同投资前还未取得任何的销售数据。

产业引导基金有效地组织各类社会资源在投资的各个阶段都对融资标的有一个持续的宣传和验证，如产业引导基金运用媒体的报道不仅可以提高其构建投资网络后期的安全性（媒体舆论监督），还有助于在各个阶段提高产业引导基金所在的投资网络的投资效率（信息的传递、吸引更多外部投资网络中的潜在投资者）。这就是拥有政府背景的产业引导基金社会资源的交换对投融资的正面影响。假设早期银行对接比较顺畅，我们也可尝试以产业引导基金外部的管理资源协调银行（前期无抵押小额贷款，类似科技贷）授信额度吸引社会资本。这样产业引导基金所组织投资的项目，也能够吸引更多拥有金融、社会等众多资源的战略投资者，这些机构的参与行为（投资调研等）都与产业引导基金的投资相互验证，在加快完善外部投资网络建设的同时，为产业引导基金乃至其整个外部投资网络的安全保驾护航。

第二节　地方新兴产业专利权数量与涉猎范围进一步扩大

随着地方产业引导基金对地方新兴行业所辖的企业、公司、团体提供资金数量的不断增加，处于初创期和发展期的高新技术研发与生产企业必然会在技术和设备领域不断攻关，并形成自主专利产权。这也意味着地方新兴行业专利权数量和涉猎范围的不断扩大，为地方新兴行业发掘新的经济增长点提供强有力的保证。具体表现如图 8-2 所示。

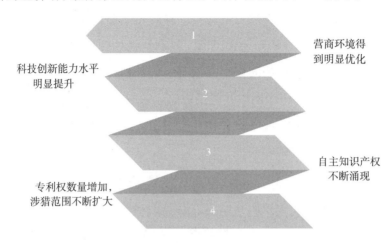

图 8-2　地方产业引导基金运行对新兴行业专利权的影响

地方产业引导基金的运行与发展不仅能够为地方新兴行业提供政策性引导，还能够为其提供强有力的资金支持，更好地让社会优质资本服务地方新兴行业的高质量发展，最终使地方经济与社会始终能够保持增长势头。其间，科技创新的投入会全面增加，对地方新兴行业专利权的影响更是较为直接。本节内容就以此为中心，对图 8-2 中的具体表现予以论述。

一、营商环境得到明显优化

地方产业引导基金在全国范围内广泛设立，不断进行深化与优化调整的运行过程中，新兴行业的营商环境正在不断发生改变，对高新技术产业领域所辖企业所提供的服务正在走向全面化，对地方新兴行业专利权数量的不断增加和专利涉猎范围的进一步扩大起到了至关重要的推动作用。本书第五章对地方产业引导基金模式的构建路径进行了明确的阐述，该构建模式的运行会吸引更多外部优质企业进驻当地，进而确保地方能够拥有更多符合当地产业引导基金投资条件的项目相继出现，对不断改善地方新兴行业的营商环境起到积极的推动作用，也会为地方新兴行业专利权数量的增加和涉猎范围的扩大提供较为理想的机会。

留在各地方的新兴行业所辖企业，地方政府会将税负、信贷便利、水电气暖等方面作为重要的着力点，让企业在初创阶段和发展阶段的成本尽可能地降到最低，通过有效的成本控制来增大企业本身的利益空间，进而让企业能够有较强的意愿在当地长期发展下去。在吸引当地以外的优秀企业方面，地方政府除了为之提供与当地企业相同的政策优惠以外，还会在"放、管、服"三个方面不断进行深化改革，大力精简行政审批流程、时间、费用，充分利用"互联网"这一工具不断优化政务服务，以便让更多行政管辖区域以外的企业家入驻当地创办企业，在科研、生产、制造领域不断取得新的发展，为新兴行业专利数量的增加和涉猎范围的扩大提供机会。

二、科技创新能力水平明显提升

就影响地方创新能力水平的因素来看，极具发展潜力的优质项目数量显然是一项关键指标。所以，在地方经济与社会飞速发展的进程中，应将避免这一影响因素的产生作为重中之重，产业引导基金的设立、运行、发展也成为全面提升地方科技创新能力水平的有力抓手。新兴行业作为推动地方经济与社会发展的新生力量，科技创新能力水平的不断提高促进了新兴行业科技创新能力的全面提高，专利数量与涉猎范围会随之不断增加和扩大。下述三方面则是最为明显的体现。

（一）科研创新投入不断加大

产业引导基金设立、运行、发展的目的较为明确，就是通过政府对社会资本进行深度整合，让高新技术产业为地方经济带来新的增长点，从而实现地方产业发展模式的转型和产业结构的深度优化。所以，产业引导基金将通过建设综合性科学研究中心，增加高校、科研院所的科研经费，提高区域创新水平，为地方新兴行业专利权数量的增加以及涉猎范围的进一步扩大打下坚实基础。

（二）地方良好的政策环境对新兴行业知识产权开发和保护起到激励作用

自 1982 年起，我国相继出台了《中华人民共和国商标法》《中华人民共和国专利法》《中华人民共和国著作权法》《中华人民共和国计算机软件保护条例》等相关法律，并且在 2018 年对《中华人民共和国反不正当竞争法》进行了修订和实施，这无疑对中国知识产权保护形成了一套完整的法律体系，并且对各行各业及各个领域专利开发起到了至关重要的激励作用。地方产业引导基金的设立、运行、发展需要带动高新技术产业的飞速发展，让地方产业经济能够不断涌现出新的增长点。而在这一过程中，会有众多专利出现，各地方有关部门要注重知识产权的保护和运用，健全知识产权工作体系、加大知识产权执法力度、普及知识产权保护和运用等相关知识无疑成为其中的一项重要工作。同时，要对市场前景广阔、技术含量高、增值潜力大的优秀创新成果给予更加丰厚的奖励，进而激发新兴行业内部企业的创新积极性，促进专利权数量的增加与涉猎范围的扩大。

（三）新兴行业高水平创新型人才拥有较为广阔的培育和发展空间

在地方产业引导基金设立、运行、发展的全过程中，高新技术产业所辖的中小企业会在政策方面和资金方面得到充分保证，其中的资金不仅会流向场地、设施、设备的建设与引进，还会流向高水平创新型人才的培养，确保相关中小企业在初创期和发展期都能有过硬的创新型人才为之提供发展动力。

具体而言，高新技术产业在发展过程中会与地方高校建立紧密的合作关系，高校本身在教学过程中更加注重培养学生的创新思维能力，鼓励学生大胆创新、多参与校内和校外创新科研项目立项。科研机构也要加强与其他城市，甚至国外科技创新能力水平较高的地区的技术交流，以此来提升其创新能力水平，进而为地方培育出更多符合投资条件的项目。在这一过程中，不仅地方高水平创新型人才得到更为广阔的培养与发展空间，在科研实践成果中也会有一系列的专利权相继出现，并且专利权设立范围也会逐渐形成全覆盖，为地方新兴行业发展提供支撑条件。

三、投融资双方对接渠道助力地方新兴行业自主知识产权的不断涌现

从当前地方新兴行业总体发展的现实情况来看，企业过于分散且数量相对较少是普遍现象，这样不仅增加了政府投资过程中投资项目调研的成本和难度，更重要的是很难及时筛选出具有发展潜力的投资项目，造成的最终结果就是地方新兴行业在地方经济发展中很难最大程度地发挥推动作用，自主知识产权的数量和涉猎的范围也会受到直接影响。

在地方产业引导基金设立、运行、发展过程中，政府会不断加大投资服务平台的建设力度，为想要投资的社会投资者和需要融入资金的企业家提供投融资咨询服务，并邀请政府相关工作人员、金融机构、企业家通过定期召开座谈会等方式，加强投融资双方的沟通和交流。这样不仅可以为新兴行业所辖企业提供更多理想的投融资机会，还会在科研、生产、制造环节的关键技术和核心技术方面形成密切交流，企业之间可不断积累成功经验，在技术创新层面不断攻克难关，从而助力地方新兴行业自主知识产权源源不断地涌现，涉猎范围随之不断扩大。

除此之外，地方政府会不断加大对投资项目备选库的建设力度。投资项目备选库的项目囊括新兴行业中的各个领域。随着地方政府产业引导基金的不断发展壮大，其今后会涵盖新兴行业的各个领域，而全面的投资项目备选库可以持续不断地为投资新兴行业各个领域的政府产业引

导基金提供符合投资条件的项目。首先，地方政府有关部门应该相互配合，围绕地方产业发展的政策和方向，制定出明确、具体的项目入库标准，并发布与"鼓励社会各类主体积极申请项目入库"类似的公告；其次，在筛选申请入库项目时，根据新兴行业各个领域所具有的特点，组织专业的工作人员根据项目入库标准对申请入库的项目进行深入的调查和了解，并予以详细的记载；再次，将符合标准的项目纳入投资项目备选库，对不符合的项目说明其未入选的理由，以帮助这些未入选项目做出进一步的改进；最后，对投资项目备选库实行动态管理，以满足不同时期设立的政府产业引导基金的投资需求。

随着地方产业引导基金投资项目的不断增加，各项科研工作势必会如火如荼地开展，通过投融资双方对接渠道，可让同属于某一个子基金的企业之间建立起交流与互动通道。在沟通与交流的过程中势必会为其相关领域的技术攻关提供相互借鉴成功经验的机会，最终开发出具有地方性的技术专利权，久而久之，地方的技术专利权所涉及的领域会不断被拓宽，进而让地方经济具有较强的核心竞争力，促进地方经济与社会的可持续发展。

四、市场化发展水平的不断提高为地方新兴行业专利权数量的增加和涉猎范围的扩大提供有力保证

地方产业引导基金在运行和发展过程中最为显著的特点就是"市场化"，政府只是为之提供资金和政策性的引导，并不参与各项基金的运行和管理，这两项工作交由委托代理机构全权负责的。这样不仅可以提升产业引导基金运行与管理过程的专业性和科学性，更能确保其高效性，让资金在投资项目中发挥很大的推动作用。在这一过程中，高水平的委托代理机构会对投资项目当前经营状况以及未来发展趋势进行全面了解和研判，最终做出适合行业发展大环境和大方向的投资决策。新兴行业

是当今地方经济发展的新方向，产业引导基金在运行与发展过程中的市场化运作水平会对地方新兴行业市场化发展起到强有力的推动作用，从而促进新兴行业在各个领域不断取得突破，进而对专利权数量的增加和涉猎范围的扩大起到积极的刺激作用。

在对投资项目地域的选择方面，地方政府会不断放宽投资地域限制条件，将更多的选择权交给基金管理人，真正实现市场化运作。具体来说，就是在国家相关法律法规规定的范围内扩大政府产业引导基金的投资地域范围，适当放宽投资地方行政区域以外项目的限制条件，允许基金管理人根据当地投资项目的数量和政府产业引导基金运行的实际情况，自由选择符合条件的优质项目进行投资。在这一过程中，新兴行业作为地方经济发展的新动力，也是经济新的增长点，所以地方产业引导基金在当下乃至未来始终不会处于闲置状态，始终会有具备可持续发展空间的投资项目需要该基金不断予以资金投入，在投入的过程中也势必会不断出现创新成果，专利所有权的数量会不断增加，专利所涉及的领域也会不断扩大，地方产业发展模式和结构也会在政府引导过程中不断得到转型升级与优化，经济增长速度也能够得到强有力的保证。

第三节　加快地方新兴行业股权改革的步伐

股权模式是金融环境的重要组成部分，其科学性与合理性直接影响区域金融环境能否达到理想化，行业发展也会受其影响。地方产业引导基金模式的科学构建得到健康有序的运行之后，必然会对地方新兴行业股权改革起到至关重要的推动作用。

一、地方新兴行业股权改革所存在的共性局限能够得到改善

股权改革是优化金融环境的直接手段，也是繁荣金融市场较为有效的途径之一。地方新兴行业的高质量可持续性发展需要有理想的金融环境作为支撑，而地方产业引导基金模式的深化落实可以帮助地方打造良好的金融环境，为新兴行业提供较为理想的发展空间，更能使地方经济发展能够始终保持新的增长点。然而，在进行地方新兴行业股权改革的过程中，突破所存在的共性局限无疑是一项严峻考验，地方产业引导基金模式的深化落实则能为之提供一条理想路径，从而加快地方新兴行业股权改革的步伐。

（一）地方新兴行业所辖领域股权能够得到强有力的整合

对当代乃至未来的地方产业引导基金设立、运行、发展的全过程而言，政府资金杠杆作用的最大化关键在于两方面：一是确保对投资方向的有效把控，让社会资本能够得到充分吸纳；二是加强对委托代理机构的科学选择和有效监管。

就前者而言，地方政府应委托专业的投资团队对地方产业引导基金进行专业管理，更好地以政策目标为导向，摒弃申报式管理，加强地方产业引导基金的投后管理及退出管理，引导委托代理机构明确地方新兴行业发展的大趋势和大方向，帮助地方产业引导基金实现市场化运作和常态化管理，让更多的社会资本能够进入地方产业引导基金，服务地方新兴行业的高质量发展。

就后者而言，为了规范政府引导基金的管理和协调，地方政府可选择最专业、最接近市场的部门统一监管，这一方面有利于充分发挥各个基金的协同效应，另一方面有利于建立与出资部门的"防火墙"。这样不仅形成了统一的监管部门，也进一步加快了地方产业引导基金运行模式的创新，为地方新兴行业所辖领域股权的有效整合提供良好的平台。

（二）地方新兴行业股权市场化率提高并提升股权自身的市场效能

随着地方产业引导基金运行模式的不断优化与改进，其资金来源必然会走向多元化，其中股权的类型会更加多样，参与投资的方式也会具有多样化的特征。

在这一过程中，市场化的投资策略会不断实现优化，同时内部管理水平也会迈上更高的台阶，退出机制的完善与更新会与之保持高度同步。这样在地方子基金持有人股权退出的过程中，地方政府可通过以较低的价格进行股权回购的方式，让 VC（风险投资）和 PE（市盈率）能够从中获得更高的利润，这显然在无形中让地方新兴行业股权自身的市场效能得到显著提升，地方政府股权市场的活跃程度也由此得到大幅提升。

（三）地方新兴行业股权能够得到系统性的评价

本书第五章明确阐述了地方产业引导基金模式的构建路径，而根据该路径设立、运行、发展地方产业引导基金，会推动社会优质资本源源不断地涌向地方新兴行业，为行业内部各个领域的发展提供强有力的资金支持。在此期间，地方产业引导基金绩效评价体系也会发挥出强有力的保障作用。

具体而言，科学而又系统的地方产业引导基金绩效评价体系有利于及时发现引导基金在新兴行业运作过程中出现的短板，并采取适当手段纠偏，确保引导基金不偏离既定的方向；同时，通过绩效评价，可以辨识出基金团队的专业性、匹配度，基金目标设定的合理性，进而采取对应的激励或淘汰手段，确保引导基金稳健运行，促进地方新兴行业股权市场活跃程度的不断提高。

（四）地方新兴行业的管理团队治理机制得到全面优化

地方新兴行业的全面发展要有充足的政策和资金作为支撑条件，地方产业引导基金的设立无疑为其提供了理想的平台。其中，委托代理机构全权负责地方产业引导基金运行与管理的各项工作，而政府则为之提供相应的政策性引导和财政资金。运行与发展过程中委托代理机构的治理结构会不断得到优化，管理团队激励机制也会不断得到改进，这会不断提升机构运行的合理性与高效性，具体表现在以下四个方面：一是优化股权结构，设立期权；二是建立责任机制，优化决策机制和决策流程，完善执行机制和执行流程，设计监督机制和监督流程，明确团队成员权责；三是完善管理团队的激励机制，构建有竞争力的薪金结构和收益分配机制；四是重视并推动利益相关者参与公司治理。这四个方面为地方新兴行业股权改革提供了长久的发展动力，能够确保地方新兴行业股权交易市场始终保持理想的发展势头。

二、地方新兴行业股权改革所存在的具体局限会得到全面突破

在地方新兴产业发展过程中，股权改革存在具体的局限性，导致新兴行业所辖的创业型企业在初创期和发展期面临严重的资金问题。而在地方产业引导基金模式全面运用和不断深化的过程中，这些具体的局限会得到全面突破，主要体现在以下三个方面。

（一）地方新兴行业投资项目投资进度不均衡的现象会得到根本性改善

横向上，各地方可以促进各领域的均衡化发展，为高新技术科研中小企业、高新技术生产制造企业、专业服务型企业提供专项基金，研究完善投资策略，适当降低财政资金收益率，增强社会资本投资的积极性，对投资项目迟迟不落地的专项基金按规定终止合作。纵向上，一是会更加关注新兴行业全产业链的投资引导，既注重对上游成熟企业的股权投资，也支持中下游配套企业的发展，引导助推新兴行业所辖的各个产业链条上的企业共同发展壮大。二是会抓好项目储备工作。鼓励各地方加强与主管部门联动，不断充实基金项目备选库，提高储备项目质量；同

时通过开展项目征集宣讲、路演等方式，加强政策宣传，提高地方和企业认可度。这些措施的相继出现会为地方新兴行业股权改革奠定更为坚实的基础。

（二）地方新兴行业能够有效避免投资方认识不充分的现象出现

地方产业引导基金在向地方新兴行业提供强有力的资金支持的过程中，会保持上下联动状态。其中对上积极对接财政部中小企业、新兴产业创投等中央基金，争取在各地方发起设立专项基金；对下指导鼓励具备条件的区县设立符合本地区产业发展方向的引导基金，市引导基金可结合市场发展前景与区县合作发起设立相关基金。这样地方新兴行业股权的明确性会得到不断提升，进而确保新兴行业拥有较为理想的资金和政策支持。

（三）地方新兴行业的股权管理制度能够得到完善

以"上位法"为立足点，在地方产业引导基金运行与管理过程中，中央会从三个方面进一步完善相关政策和制度，各地方逐步跟进。一是进一步明确政府产业基金的法律定位、具体架构、运作规则、风险管控等基本管理规范，指导、推动地方产业引导基金发展。二是为吸引社会资本通过引导基金进入新兴产业，在税收、风险补偿等方面给予更大的支持。三是对各地区发展引导基金给予适当政策倾斜，以便吸引更多社会资本发展当地产业。中央基金在选择投资项目或合作设立基金时，对各地区给予更多关注。地方会结合中央有关政策制度和要求，及时完善引导基金管理办法，制定基金绩效考核办法（包括引导基金、子基金等考核指标）、基金公司薪酬管理办法等，推动引导基金的规范化管理。

这里重点讲一下对产业引导基金的绩效考核。从定性来看，母基金势必做到：一看基金对行业的覆盖度，二看基金对行业的发展速度与结构改善水平，三看基金对行业有关重点企业核心竞争力的提高率，四看基金对行业外部环境的改善程度。子基金必然会注意：一看所投企业与覆盖行业的相关程度；二看所投企业增长率与行业平均增长率的对比关系；三看子基金的整体效益（经济效益、社会效益等）；四看基金投资组合的风控水平；五看对所投企业的监管能力；六看基金投资退出与变现能力；七看基金整体运作各项关键指标，如批准项目与上报项目的数量比、投资金额比、尽职调查报告质量等。这些方面有利于提升地方产业引导基金股权管理制度的完善性，充分保证地方新兴行业发展过程中的资金稳定性，确保地方产业引导基金能够更好地服务地方新兴产业的高质量发展，最终达到推动地方经济与社会创新发展和可持续发展的目的。

（四）新兴行业产业引导基金的母基金公司市场化定位更加准确

在地方产业引导基金设立初期，政府有关部门会将合作委托代理机构进行多元化选择，其中选择对象必须具有丰富的成功投资经验，同时在高水平专业管理人才的数量上达到要求，更要在机构注册资金方面达到一定的规模，由此保证地方产业引导基金在选择子基金管理人方面，以及资本管理、投资管理、退出管理方面能够保持高度的专业化，提高母基金市场化定位的准确性。地方新兴行业将作为经济与社会发展新的增长点，投资规模也会不断增大，这无疑需要产业引导基金母基金规模始终与其保持高度匹配，委托代理机构的多元化选择会帮助产业引导基金运行与发展达到这一目标。

参考文献

[1] 何国杰. 风险投资引导基金研究: 促进广东省风险投资基金发展的政策支持与制度保障研究 [M]. 广州: 中山大学出版社, 2010.

[2] 张旭昆. 思想市场——分析经济学说演化的一个模式 [M]. 杭州: 浙江人民出版社, 1994.

[3] 林成. 从市场失灵到政府失灵: 外部性理论及其政策的演进 [M]. 长春: 吉林大学出版社, 2011.

[4] 丁志锦, 李曼. 经济学基础 [M]. 杭州: 浙江工商大学出版社, 2016.

[5] 邓宏乾. 中国城市主体财源问题研究——房地产税与城市土地地租 [M]. 北京: 商务印书馆, 2008.

[6] 王安栋. 中国地方公共财政与城市发展 [M]. 北京: 中国经济出版社, 2005.

[7] 文建东. 公共选择学派 [M]. 武汉: 武汉出版社, 1996.

[8] 理查德·A. 马斯格雷夫, 佩吉·B. 马斯格雷夫. 财政理论与实践 [M]. 5 版. 邓子基, 邓力平, 译. 北京: 中国财政经济出版社, 2003.

[9] 让 - 雅克·拉丰, 大卫·马赫蒂摩. 激励理论: 委托 - 代理模型: 第 1 卷 [M]. 陈志俊, 李艳, 单萍萍, 译. 北京: 中国人民大学出版社, 2002.

[10] 罗思宇. 政府引导基金的投资模式探讨 [D]. 北京: 北京大学, 2012.

[11] 孙萍.政府引导基金政策对战略性新兴企业创新绩效的影响研究 [D].大连：东北财经大学，2021.

[12] 昝翔凯.我国产业引导基金促进集成电路产业发展的研究 [D].兰州：兰州财经大学，2021.

[13] 孙旭.产业引导基金在创业融资中的促进与联动作用 [D].上海：上海财经大学，2020.

[14] 程伟航.政府产业引导基金投资管理问题研究 [D].成都：西南财经大学，2019.

[15] 高晓明.地方政府产业引导基金问题研究 [D].南宁：广西大学，2018.

[16] 李延利.战略新兴产业创投引导基金参股子基金绩效评价研究 [D].北京：北京交通大学，2018.

[17] 苑茂昌.我国政府产业引导基金退出研究 [D].北京：中国财政科学研究院，2017.

[18] 范嘉薇.产业引导基金风险控制 [D].重庆：重庆大学，2017.

[19] 秦智鹏.我国战略性新兴产业创业投资引导基金绩效指标体系研究 [D].北京：对外经济贸易大学，2014.

[20] 闫琳.引导基金支持战略性新兴产业发展的运行模式研究 [D].太原：山西财经大学，2012.

[21] 唐雨虹，张楠，吴东举.基于演化博弈的政府产业引导基金运行效率分析 [J].宏观经济研究，2022（3）：94–105.

[22] 金琳.重庆产业引导股权投资基金打造行业标杆 [J].上海国资，2021（11）：41–44.

[23] 赵瑞波.浅析基于产业引导基金的政府投融资行为 [J].河北金融，2021（9）：60–63.

[24] 孟庆超.地方政府产业引导基金的投资后监管与效果评价分析[J].财会学习，2020（29）：139-140.

[25] 刘元军.政府产业引导基金投资尽职调查探究[J].会计师，2020(7)：7-9.

[26] 郝永明.有效运用政府产业引导基金支持新旧动能转换的探讨[J].财会学习，2019（22）：196-197.

[27] 许志勇.创新产业引导基金机制推动实体经济高质量发展[J].商业经济，2019（7）：4-6，11.

[28] 刘元军.有效运用地方政府产业引导基金支持新旧动能转换的探讨[J].经济师，2019（4）：51-53.

[29] 临汾市财政局.临汾市财政局"四个进一步"积极涵养财源[J].山西财税，2018（4）：58.

[30] 邓靖.重庆产业引导基金运作模式探析[J].中国财政，2018（1）：56-57.

[31] 张云伟，陈蓉.上海政府引导基金支撑产业发展的成效、问题与对策[J].科学发展，2022（7）：23-29.

[32] 王宇婷，王润捷，张一琳.政府引导基金支持战略性新兴产业发展研究——以福田引导基金为例[J].财务管理研究，2021（8）：73-77.

[33] 李宇辰.我国政府产业基金的引导及投资效果研究[J].科学学研究，2021，39（3）：442-450.

[34] 罗思平.政府产业基金：回归产业引导本源[J].金融市场研究，2019（4）：9-14.

[35] 杨树林.政府引导基金促进战略性新兴产业发展的现状与对策——以杭州市为例[J].浙江金融，2018（9）：67-72，51.

[36] 田娟娟.产业导向型政府引导基金绩效评价研究——以战略性新兴产业为例 [J].辽东学院学报（社会科学版），2018，20（2）：38-45.

[37] 田娟娟.产业投资引导基金的发展与区域优化——以辽宁省为例 [J].对外经贸，2018（2）：125-127.

[38] 魏铖.京、沪、杭地区产业引导基金的成功经验及其启示 [J].现代商业，2017（1）：135-136.

[39] 吴景双.用产业引导基金激活民间投资 [J].中国发展观察，2016（21）：38-39.

[40] 王朝才，龙艳萍，赵全厚，等.产业引导基金贵在市场化运作——对重庆市产业引导股权投资基金的调研与思考 [J].经济研究参考，2016（14）：3-9.

[41] 郑晓楠，宋英杰.政府引导基金对环保技术扩散的影响研究 [J].海峡科技与产业，2021，34（10）：42-46.

[42] 谢宏.政府引导基金治理绩效问题对策研究——以杭州市为例 [J].企业改革与管理，2021（4）：43-44.

[43] 吴迪良.政府引导产业基金投资绩效分析——以国家集成电路产业投资基金为例 [J].中国外资，2021（4）：40-43.

[44] 卫志民，胡浩.政府引导基金退出机制优化研究 [J].理论学刊，2020（2）：60-70.

[45] 黄新建，陈伟良，刘彦宏.政府引导基金运作模式比较及对江西的启示 [J].金融与经济，2018（7）：89-92.

[46] 卢陈敏.政府产业引导投资基金发展的"症结"与"症解" [J].现代经济信息，2016（25）：57-58.

[47] 山东省人民政府.充分发挥政府引导基金作用 促进产业与资本融

合发展 [J]. 中国财政，2016（6）：22-23.

[48] 李光辉 . 政府产业资金市场化的有益尝试——政府产业引导股权投资基金探析 [J]. 河北企业，2015（12）：70-71.

[49] 佚名 .《中国政府引导基金》与《第三方支付产业发展》战略研究在京发布 [J]. 高科技与产业化，2012（2）：105.

[50] 何海霞 . 产业引导基金审计问题探究——以 J 项目为例 [J]. 财会通讯，2022（1）：122-127.

[51] 王书明 . 产业引导基金助推农业发展的思考——以重庆农业专项基金为例 [J]. 中国农业会计，2017（12）：60-61.

[52] 叶蜀君，袁永宏 . 完善政府产业引导基金财税支持政策的几点建议 [J]. 新商务周刊，2019（15）：115.

[53] 彭国华 . 政府产业引导基金运行实践与思考 [J]. 现代审计与经济，2019（2）：16-19.

[54] 阚景阳 . 经济新常态下政府引导基金发展研究 [J]. 区域金融研究，2015（10）：67-71.

[55] 郑联盛，朱鹤，钟震 . 国外政府产业引导基金：特征、模式与启示 [J]. 地方财政研究，2017（3）：30-36.

[56] 薛传星，杨振，巩秀梅，等 . 青岛市青西新区产业引导基金的风险控制研究 [J]. 中国市场，2016（17）：18-20.

[57] 柏笑寒，郭普松 . 陕西政府产业引导基金发展对策研究 [J]. 新西部：下旬·理论，2016（9）：14-15.

[58] 刘勇 . 政府产业引导基金的实施效果探析——对上饶市 5 个县（市）的调查 [J]. 金融与经济，2017（8）：94-96.